퇴사이후
어떻게
살 것인가?

퇴사 이후 어떻게 살 것인가?

초 판 1쇄   2019년 09월 09일

지은이 김용진
펴낸이 류종렬

펴낸곳 미다스북스
총괄실장 명상완
책임편집 이다경
책임진행 박새연 김가영 신은서
본문교정 최은혜 강윤희 정은희

등록 2001년 3월 21일 제2001-000040호
주소 서울시 마포구 양화로 133 서교타워 711호
전화 02) 322-7802~3
팩스 02) 6007-1845
블로그 http://blog.naver.com/midasbooks
전자주소 midasbooks@hanmail.net
페이스북 https://www.facebook.com/midasbooks425

© 김용진, 미다스북스 2019, *Printed in Korea*.

ISBN 978-89-6637-709-1 03190

값 15,000원

미다스북스는 다음세대에게 필요한 지혜와 교양을 생각합니다.

직장인 자기혁명 프로젝트

퇴사 이후
어떻게
살 것인가?

HOW TO LIVE AFTER LEAVING THE COMPANY

김용진 지음

미다스북스

매일 퇴사를 꿈꾸는 사람을 위해

＊ 나는 올해 차장으로 승진하면서 은퇴를 신경 쓰게 되었다. '은퇴 이후에 나는 뭘 하고 먹고살아야 할까? 제대로 된 경제활동은 할 수 있을까?' 점점 앞당겨지는 은퇴 나이와 언제 퇴사하게 될지 모르는 불안한 직장생활, 은퇴 이후의 생활에 대한 고민이 시작되었다. 더불어 취업에 실패하고 좌절하는 청년들이 적지 않다는 뉴스를 접하면서, 그들 또한 나와 같이 삶을 살아내는 게 쉽지 않다는 생각을 하게 되었다.

　나는 이 책을 읽고 있는 사람들도 크게 다르지 않을 것이라 생각한다. 나는 은퇴할 나이가 다가오는 시점에서 이후 남은 인생을 걱정하는 직장인이다. 그러므로 흔히 볼 수 있는 책들처럼 힘든 현실과 시련 속에서 긍정적인 생각이나 습관 또는 태도를 바꾸어야 성공할 수 있다는 말을 강요하는 책이 아님을 미리 밝혀둔다. 그런데도 내가 이 책을 쓴 이유는, 나와 같은 고민으로 힘들어하는 사람들과 함께 소통해보려는 것이다. '세상에 이런 고민으로 힘들게 살아가는 사람이 나만은 아니구나.' 하고 깨닫고 막막한 현실에서 함께 도우며 방안을 모색해보자는 취지로 글을 쓴 것이다. 독자들에게 하는 이야기인 듯하지만 사실은 나 자신에게 하고 싶은 이야기를 책에 담은 것이다.

책을 쓰는 도중에 지인들에게 내용을 잠깐 보여준 적이 있다. 그런데 반응이 이상했다. "내 얘기 아니야?" "이거 내 얘기 같은데." 대부분의 반응이 이러했다. 결국 같은 직장인으로 비슷한 고충을 겪고 비슷한 고민을 하며 살아가는 사람들, 불투명한 미래지만 열심히 살아가야 하는 현대인에 대한 이야기이기 때문이다. 나처럼 그들도 꿈을 꾸고 그 꿈을 이루기 위해 노력하던 때가 있었다는 것을 알고 있다. 하지만 그들은 현실이라는 벽, 가족의 생계를 유지해야 한다는 책임감 때문에 자신을 위한 삶을 포기해야 했고 아직도 그 삶을 가슴속에 간직하고 있다.

꿈은 낱개로 존재하면 꿈으로 끝나지만 그것이 모여서 하나의 힘을 이루면 현실이 된다고 한다. 꿈꾸는 미래는 제각각이겠지만, 서로의 꿈을 응원하고, 자신의 꿈에 도전하는 사회가 되었으면 좋겠다. 우리가 서로 힘을 주고, 그렇게 사회 전체가 개인의 꿈을 응원하는, 서로의 꿈을 비웃지 않고 마주 보며 진심을 터놓을 수 있는 사회가 될 수 있을 거라고 믿는다.

나도 마찬가지이지만 생계 때문에 꿈을 포기한 친구가 있었다. 여기에서 과거형을 쓴 이유는, 그 친구가 드디어 꿈을 펼치고 싶다는 생각을 하게 되었기 때문이다. 그 친구는 "생계는 어떻게 해서든 유지할 수 있지만, 꿈은 더 미루었다가는 잊어버릴 것 같다."라고 말했다. 꿈을 다시 떠올리는 것만으로도 행복해지는 것을 느꼈다면서 꿈에 무모하게 도전하는 것이 아니라 생계를 유지하면서 조금씩 이루어가겠다고 했다. 언젠가는 여러분도 주체가 되어 주인공으로 살아가는 삶을 찾기 바란다.

하지만 이런 희망과는 달리 현실은 잔인하다. 학자금 융자 때문에 아직도 빚을 지고 사는 청년들이 많고, 어렵게 들어간 직장에서는 과다한 스트레스를 받거나 적응하지 못한다는 이유로 사직서를 던지고 나오는 사람들이 부지기수다.

또 이런 기회조차 얻지 못하고 아직도 취직이라는 높은 벽에 좌절하거나, 직장을 구하기 위해서 동분서주하거나, 아예 취직을 포기한 모습도 자주 볼 수 있다. 직장생활을 하고는 있지만 어느 순간 퇴직을 걱정할 때가 되었음을 느끼거나, 벌써 회사 측으로부터 퇴직을 은근히 권유받고 있을지도 모른다.

이 책을 읽는 사람들에게 "이렇게 하면 성공할 수 있다."라고 말할 수는 없다. 아직 내가 성공했다고 생각하지도 않고, 그렇게 말할 수도 없기 때문이다. 하지만 같은 고민을 하며 동시대를 함께 살아가는 사람들이 많다는 것을 알았으면 한다. 그렇다고 동병상련을 느끼며 자기 위안으로 만족하자는 뜻은 아니다. 오히려 이런 상황이기 때문에 꿈을 잊지 말아야 하며, 그 꿈을 이루기 위해 자신의 소명을 찾는 노력도 게을리하지 말아야 한다.

현재 하는 일이 자신이 꿈꾸던 직업일 수도 있다. 그러나 대부분의 사람은 생계를 위해 어쩔 수 없이 회사에 다닌다. 첫 번째 직업을 나의 소중한 시간을 사기 위한 숭고한 직업이라 생각한다면, 두 번째 직업을 갖게 되는 시점에는 누군가의 강요나 돈을 벌기 위한 직업보다는 하면서 재미있고 열정이 넘치는 직업을 구하거나 꿈을 향하여 나아갈 수 있는 직업을 찾을 수 있기를 바란다.

끝으로 이 책을 내기까지 함께 고민하며 격려를 아끼지 않은 〈한책협〉과 출판사 관계자분들에게 감사의 마음을 보낸다. 그리고 내가 사랑하는 아버지, 어머니, 그리고 우리 형들에게 고맙다는 말을 전하고 싶다.

I BELIEVE IN YOU

BELIEVE IN YOURSELF

BE POSITIVE

목차

프롤로그 매일 퇴사를 꿈꾸는 사람을 위해　　005

1
퇴사 이후의
삶에 대한 각성

01 위기는 예고 없이 찾아온다　　019
02 회사를 스스로 나가야 하는 시대　　025
03 당신에게도 두 번째 재능이 있다　　032
04 행복에 대한 몇 가지 오해와 진실　　046
05 신자유주의가 가져온 불행　　054
06 우리를 가두는 직장이라는 감옥　　061

2 지금부터 인생 2막을 준비하라

01 인생 2막 준비가 필요한 이유   077

02 골든타임은 퇴직 전후 3년이다   084

03 직장을 다니고 있을 때 준비하라   098

04 당신이 원하는 것을 알고 있는가?   104

05 당신의 잠재력은 무엇인가?   118

06 그동안 당신은 무엇을 배웠나?   124

07 노력보다 재능의 파악이 먼저다   130

08 아이디어와 실행력을 가져라   137

3 일에서 자유로운 행복한 삶을 살아라

01 단순함이 답이다   153

02 효과적으로 일하라   160

03 거절하는 기술을 배워라   174

04 적게 일하고 많이 벌어라   181

05 아웃소싱(outsourcing) 하라   188

06 사무실에서 탈출하라   202

07 원하지 않는 직장은 버려라   208

08 수입을 자동화하라   214

4

꿈이 있는 사람은 늙지 않는다

01 두려움과 무기력을 피하는 법   231

02 은퇴 시 최악의 인생 시나리오는?   238

03 당신이 하고 싶은 일을 하라   245

04 당신은 생각보다 훨씬 위대하다   258

05 당신 스스로를 굳게 믿어라   265

06 더 이상 현실에 안주하지 마라   272

07 구체적인 목표를 가지고 시작하라   279

08 꿈이 있는 사람은 늙지 않는다   285

에필로그 진정 하고 싶은 일을 하라   297

+

퇴사 이후의 삶
엿보기

교사를 그만두고 영화 감독이 된 '신수원'　042

회계사에서 관광 통역 안내사가 된 '신애경'　070

은퇴 후 철도신호사가 된 '방영용'　094

은행 지점장에서 닭꼬치가게 사장이 된 '김재만'　114

대기업 S전자 워킹맘이자 수영선수인 '여금선'　146

자전거로 유럽횡단한 전 원주 부시장 '최광철'　170

주부에서 곤충학 박사가 된 '정부희'　198

유도선수에서 교육사업 CEO가 된 '김영철'　224

가수 겸 배우이자 패션디자이너인 '임상아'　254

NGO 활동가이자 귀농인 '김인환'　292

1

퇴사 이후의 삶에 대한 각성

01

위기는 예고 없이 찾아온다

"하늘이 어떤 이에게 장차 큰일을 맡기려 할 때는 반드시 먼저 그 마음을 수고롭게 하고 그 근육과 뼈를 지치게 하며 육체를 굶주리게 하고 생활을 곤궁하게 해서 행하는 일이 뜻대로 되지 않도록 가로막는데, 이것은 그의 마음을 움직여 그 성질을 단련시키며 예전에는 도저히 할 수 없었던 일을 더 잘하도록 하기 위함이다."

— 맹자

첫 직장 생활이 운이 나빴던 이유

나는 운이 나빴다. 2005년 졸업과 동시에 아무 문제없이 취업했다. 첫 직장생활은 일본에서 시작되었다. 2005년 3월 20일 즈음, 일본에 입국하여 10일 정도 일을 하고 월급을 받았다. 그 당시 10일 정도에 해당하는 급여를 받았는데 50만 원이 넘었던 것으로 기억된다. 당시 신입사원이 20명 이상이었고 나는 그 당시 모든 것이 처음 겪는 새로운 일이라서 즐겁고 재미있기만 했다. 지금 생각해봐도 대학을 갓 졸업해 아무것도 할 줄 모르던 내가 직장을 다니면서 월급을 받았다는 사실이 신기했다.

그런데 내가 운이 나빴다고 하는 이유는, 아무런 고민도 하지 않은 상태로 어른의 세계에 진입했기 때문이다. 주변에는 나와 같이 멋모르는 신입사원이 대부분이었고 우리는 서로 처지가 비슷했기 때문에 많은 부분에서 공감하고 비슷한 고민을 공유할 수 있었다. 어찌 보면 너무나도 평화롭고 문제없는 첫 직장생활이었다. 편안한 맨션 생활을 했다. 3명 정도의 사람이 짝을 이루어 한 맨션에서 살았다. 일본의 '맨션'은 한국의 아파트와 비슷해서 공간도 충분하고 한 달 사용료의 절반은 회사에서 부담해주고 나머지는 함께 생활하는 사람들끼리 나누어 내니 편했다. 당시에는 IT 분야가 한참 붐이었다. 나는 전공이 컴퓨터공학이고 이공계 출신이라 취업에 대한 막연한 걱정은 있었지만, 단 한 번의 면접으로 직장을 구할 수 있었다. 요즘 1990년대생들은 취업이 어려워 이력서에 써넣을 인턴이나 프로젝트 경험, 어학연수나 수상경력 등에 신경 써야 한다고 한다. 하지만 우리가 졸업한 때에는 과 사무실에서 정리한 졸업생의 취업 기록을 기준으로 98% 이상이 큰 어려움 없이 취업에 성공한 것으로 알고 있다.

실패는 상대적인 개념이다. 나는 어느새 13년 차 직장인으로, 지금까지 시간이 어떻게 흐르는지도 모르고 직장생활을 해왔다. 요즘 신입사원들이 면접을 거쳐 입사하는 것을 보게 되는데, 신입사원 1명을 뽑기 위해 적게는 30명, 많게는 50명 이상의 면접을 보고 팀장이나 이사님이 채용을 결정한다. 그래서 나는 면접을 보는 신입사원과 달리 면접관의 관점에서 신입사원들을 보게 된다. 요즘 신입사원들의 스펙은 그야말로 화려하다. 토익 750점 이상은 기본이고, 대학생활 동안 장학생을 놓치지 않았으며, 머리도 정말 똑똑하다. 내가 만약 1990년대에 태어났다면 아마도 취업준비생이거나 백수였을 것이다.

예전 직장의 이사님에게 물어본 적이 있다.

"신입사원을 뽑을 때 무엇을 제일 먼저 보시나요? 열정?"
"볼 게 없어. 대졸, 석사를 포함해 전문지식이 기초수준에 불과하니 실질적으로 열정이나 인성을 본다."

그들이 신입이기 때문에 모르는 건 기정사실이므로, 학교생활이나 대화를 통해 살아가는 방식이나 문제를 바라보는 태도를 본다는 것이었다. 즉 방법을 몰라 아직은 미숙하지만 조금만 방법을 가르쳐주면 빨리 회사에 적응해서 자신의 자리를 잡고 따라올 수 있는 친구들을 뽑는다는 말이었다.

최근 취업을 준비하는 취준생들은 운이 참 좋다. 이미 절망적인 상태에서, 사회에 첫발을 딛기도 전에 수많은 좌절을 겪기 때문이다. 이런 망언을 하면 수많은 취준생에게 돌을 맞을지 모르지만 그들의 최대 장점은 더 이상 나빠질 게 없다는 것이다. 세상을 좀 더 살아본, 나 같은 사람들이 가장 두려워하는 일은 바로 바닥에서 다시 시작하는 것이다. 이미 나이를 어느 정도 먹었으니 몸은 말을 잘 듣지 않고 그동안 해온 사회생활과 경험으로 인해 익숙하지 않은 새로운 것을 받아들이거나 물어보는 것에 어려움을 겪는다. 예를 들어 내가 모르는 분야의 무언가를 시도할 때에는 두려움이 앞서거나 불안감에 사로잡혀 생각이 멈춰버린다.

직급이 높아질수록 다가오는 위기감

최근의 나는 과장에서 차장으로 직책이 올라갔다. 사원에서 대리로 올라갈 때는 진급한다는 사실이 월급이 오른다는 말과 일치했기 때문에 마냥 기쁘고 좋기만 했다. 하지만 이제 대리, 과장을 거쳐 차장이 되니 마음 한편에 두려움과 불안함이 자리를 잡기 시작했다. '이제 직장생활을 할 수 있는 기간은 얼마나 남은 것일까?' 하는 의구심이 생기기 시작한 것이다. "위기란 무엇인가?"라고 나에게 묻는다면, 나는 현재 다니고 있는 정규 직장에서 50대 혹은 그보다 빨리 퇴직을 권고받아 비자발적 은퇴를 하고 줄어든 수입으로 30년 또는 그 이상의 시간을 먹고 살아야 하는 것이라고 말할 것이다. 다행스럽게도 은퇴한 이후의 경제적인 부분이 잘 준비된 사람은 부담이 덜 하겠지만, 나의 경우는 그렇지 못하기 때문이다.

많은 사람은 위기에 빠졌을 때 오히려 힘을 발휘해서 성취를 이뤄낸다. 고통은 때로 우리를 다시 돌아보게 해준다. 더 강하고 더 현실적인 사람으로 만들어준다. 피트니스 센터에서 내게 운동을 가르쳐주는 트레이너가 알려준 사실인데, 운동하면 근육이 파괴된다고 한다. 그리고 시간이 지나면서 파괴된 근육이 회복을 시작하고, 회복이 진행되면서 점점 더 강한 근육으로 변하게 되는 것이다. 운동이라는 육체적 고통을 겪어야 뼈와 근육이 강해지는 것처럼, 정신적 고통을 겪어야 정신력과 자존감이 강해져서 더 행복한 삶을 누릴 수 있다. 사람은 보통 최악의 순간을 경험한 뒤에야 인생을 보는 관점이 크게 바뀐다. 일단 극심한 고통을 겪어봐야, 기존의 가치를 돌아보며 왜 그것이 도움이 안 되는지를 따져보는 것이다. 따라서 우리에게는 일종의 실존적 위기가 필요하다. 그래야 객관적인 눈으로 현재 인생이 어디를 향하는지 마주하고 방향이 틀렸을 때 재설정을 고려할 수 있다.

올해로 나는 40살이 되었다. 두려움은 갖가지 모습으로 찾아온다. 두려움은 대부분 실체가 없고, 다른 말로 '낙관적인 미래'라 표현할 수 있다. 현재 다니는 직장을 그만두기 꺼리는 사람들은 대부분 시간이 흐르고 수입이 늘어나면서 그들의 앞날이 좋아질 것이라고 착각한다. 차라리 이른 나이에 직장을 잃으면 그 상황을 벗어나기 위해서 행동하게 될 텐데, 우리는 대부분 아직 다가오지 않은 미래를 막연하게 좋을 거라고 낙관하기만 하면서 확정된 불행을 애써 외면하고 있다.

위기란 예고 없이 찾아온다. 그런 위기에 대해 준비가 되어 있는 사람은 큰 문제가 없겠지만, 대부분의 사람은 준비가 되어 있지 않은 상태에서 위기에 직면한다. 예상치 못한 위기에 당황하고 어려움을 겪게 된다. 하지만 인생을 조금만 생각해보면 위기가 언제, 어느 정도로 찾아올지 예측할 수 있다. 좀 더 나이 먹고 준비가 안 된 상태에서 위기가 닥친다면 그때는 진짜로 속수무책으로 당할 수밖에 없다. 문제가 발생하기 전에 불행을 예측하고 적극적으로 문제에 대한 대비를 마련해야 한다. 10년 후를 상상했을 때, 행동을 미루는 일이 실망과 후회의 길임을 확신할 수 있다면 행동하지 않는 것이야말로 가장 큰 위험임을 명심해야 할 것이다. 우리가 가장 두려워하는 일은 대개 우리가 꼭 해야 하는 것일 경우가 많다.

02

회사를 스스로 나가야 하는 시대

"출발하기 위해 위대해질 필요는 없지만 위대해지려면 출발부터 해야 한다."

– 레스 브라운

직장생활에서 느껴지는 두려움과 마주 보기

희망퇴직이란 직장을 그만두는 방법 중 한 가지로, '자발적 해고'를 지칭하는 말로 쓰인다. 대부분 기업의 상황이 어려워지면 정리해고 이전에 시행된다. 우리나라도 과거 외환위기 이후에 기업의 체질개선이라는 명분을 내세우며 전방위적으로 대규모의 구조조정이 실행되었다. 더군다나 최근에 이르러서는 출산율의 급격한 감소로 야기된, 세계에서 가장 빠른 고령화 속도 등의 뉴스들이 헤드라인을 장식하였고, 이는 한국경제가 빠르게 노화되고 있음을 시사한다. 이러한 사회구조 변화와 함께 세계 경제의 성장 속도 둔화 등 대외적인 문제까지 겹치며, 결국 한국사회는 과거 연 10%가 넘는 성장률을 달성했던 달콤한 고성장 시대를 추억하며 지금은 연 3%에 미치지 못하는 낮은 성장률에 익숙해져 버렸다. 바야흐로 저성장 시대에 접어든 것이다.

나는 올해 들어 40세가 되었다. 문득 내 인생에 대해 천천히 돌아볼 시기가 되었다는 생각이 들었다. 내 삶에도 많은 선택의 순간들이 있었다. 그때마다 나는 어려운 선택보다는 쉬워 보이는 쪽을 택했다. 쉬운 길을 선택하며 살아오는 동안 깨달은 것은, 갈림길에서 항상 외면했던 어려운 길이 언젠가는 다시 예전과 똑같은 크기로, 가끔은 더 커진 상태로 돌아온다는 사실이었다. 힘든 선택을 한다는 것은 강한 의지의 표명이다. 당면한 문제를 직시하고 더 적극적으로, 어쩌면 더 치열하게 살아가겠다는 각오를 했다는 뜻이다. 우리가 힘든 선택을 해야 하는 이유는 또 있다. 힘든 선택일수록 인생은 더 쉬워지고, 쉬운 선택을 할수록 인생은 더 어려워지기 때문이다. 힘든 선택일수록 인생의 방향이 큰 위기와 직면한 경우가 많고, 쉬운 선택은 그 위기를 피하기 위한 임시방편인 경우가 많다.

나는 요즘 직장에서 느끼는, 알 수 없는 '두려움'을 마주 봐야 한다고 생각했다. '두려움'에서 파생되는 보이지 않는 불안감을 실체화시키고 그

것에게서 벗어나기로 했다. '할 것인가? 말 것인가? 시도해야 하는가? 포기해야 하는가?' 고민하는 내내 '불확실하다'와 '실패할 것이다'라는 문장들이 머릿속에 떠올랐다. 그렇지만 나는 아무것도 하지 않고 '불행' 쪽으로 기울어가는 내 인생을 바라보며 불안에 떨기보다는, 부딪쳐서 실패하는 것이 올바른 선택이라는 생각에 이르렀다. 만약 은퇴를 강요받는 순간이 찾아오더라도 단순하게 프리랜서로 전향하면 되는 등 선택지는 많았다. 최악의 상황이 닥쳐도 생존은 가능했다. 생각이 여기에 다다르자 실직하게 되어 먹고사는 문제가 발생할지도 모른다는 실존적인 위기에 대한 두려움을 떨쳐내고 생존을 넘어 정상적인 일상으로 돌아가는 것이 그리 어렵지 않겠다는 결론에 이르렀다.

두려움을 마주 보게 되자 다음으로 할 일이 떠올랐다. '지금까지 두려움 때문에 미루고 있던 일은 무엇인가?' 우선 새로운 것에 대한 도전을 하지 못하고 있었다. 예를 들어 어릴 때부터 해보고 싶었던 애니메이션 감독이나 철학, 심리학 공부 등이다. 하지만 대학교 입시전형에서 이와 관련된 학과는 선택하지 않았다. 여러 가지 이유가 있지만 시작도 하기 전에 애니메이션이나 철학으로 진로를 정하면 먹고사는 문제가 곤란할 것이라고 한계를 정해놓았던 것이다. 그 당시에는 우선 취업부터 하고 보자는 마음이 깔려 있었다. 그런 이유로 나는 컴퓨터공학을 전공으로 선택했다. 애니메이션학과나 철학과에도 가보고 싶었지만 그건 어디까지나 실행하지 못할 비현실적인 꿈이었다.

직장생활을 하며 미래를 준비하자

내가 초등학교 4학년 때쯤 16비트 컴퓨터를 구매했다. 그 당시 PC를 구매한다는 것은 아주 큰 일이었다. 지금처럼 집마다 컴퓨터가 있던 시절이 아니었다. 지금 와서 생각해보면 그 당시 컴퓨터를 산 것이 내 인생에서 진로를 결정하는, 결정적인 계기가 된 것 같다. 다시 본론으로 돌아와서 얘기를 해보자면 난 현재 웹 프로그래밍이라는 분야에 종사하는 직장인으로 13년 이상을 살아가고 있다.

당신이 두려움 때문에 미루고 있는 일은 무엇인가? 사람들이 가장 두려워하는 일은 꼭 해야만 하는 일인 경우가 많다. 그리고 꼭 해야 할 행동을 하지 못하게 막는 것은, 알 수 없는 결과에 대한 두려움이다. 그러므로 최악의 상황을 예상해보고 받아들이고 행동을 해야 한다. 그 최악의 상황은 두려움이 만들어낸 허상에 불과할 뿐, 생각보다 큰 문제가 아닐 수도 있다. 막상 가장 두려워하는 상황이 닥치더라도 이제껏 성실히 살아온 태도로 문제를 돌파한다면, 당신을 불편하게 만드는 최악의 상황에서도 최선을 찾아내고 걱정했던 것과는 달리 상황을 슬기롭게 잘 헤쳐

나갈 수 있을 것이다.

 하지만 두려움 때문에 미루고 있던 일을 하기 위해 다니던 직장을 포기하고 바로 행동하는 일은 매우 위험하다는 생각을 조심스럽게 했다. 사람마다 스타일이 다르고 문제를 해결하는 방식이 다르지만, 내가 생각하는 나는 점진적으로 조금씩 실천하는 사람이었다. 직장을 다니면서 재정적인 버팀목을 유지한다면 작은 실패를 경험하더라도 다시 도전하는 것이 가능할 것이고, 일과 삶의 균형을 유지하며 꾸준히 이 과정을 반복하다 보면 인생 2막을 준비할 수 있다고 생각했다. 이렇게 생각을 정리하자, 그동안 계속 나를 둘러싸고 있지만 신경 쓰지 않았던 것들이 눈에 들어오기 시작했다. 우선 내가 미루고 있고 하고 싶었던 일들을 구체적이고 명확하게 써보고 그것을 시간을 두고 하나씩 실행해보기로 했다.

 가장 먼저 생각난 것은 애니메이션이었다. 애니메이션 감독이 되기 위해서는 무엇을 준비해야 할까? 애니메이션은 아니지만, 우선 영화를 제작해보기로 했다. 영화를 만들어보는 것이 애니메이션 제작에 많은 도움이 될 것 같다고 생각했기 때문이다. 일단 영화 1편을 만들기 위해서는 얼마나 많은 돈이 필요할까? 최근 내가 재미있게 봤고 흥행에 성공한 영화를 보면 영화가 끝난 뒤 엄청나게 많은 사람의 이름이 긴 시간 동안 자막으로 올라간다. 영화 제작에는 그만큼 수많은 사람과 자본이 필요하다. 지금 당장 내가 20억이 넘는 돈이 있더라도 그러한 수준의 작품을 만드는 것은 무리라는 생각이 들었다. 그렇다면 충분한 자금이 없는 내가 지금 당장 준비할 수 있는 것은 무엇일까? 일단 영화나 영화의 기본이 되는 시나리오에 대해 아는 사람이 필요했다.

두드려라. 그러면 열릴 것이다. 이 글귀를 떠올리며 무작정 대학교에 다닐 때 직접 영화동아리를 만들고 영화까지 만들어봤다는 친구를 만나기로 하였다. 당장 직장생활을 그만두고 영화 관련 학교에 들어갈 수도 없는 상황, 하물며 어디서부터 시작해야 할지 모르는 막막한 상태에서 한 줄기 빛을 찾은 것 같았다. 당연한 이치지만 모든 이론과 실습은 사람을 통해 배우는 게 가장 빠르고 현명한 방법이라고 생각한다. 그게 어렵거나 제약이 있을 때는 책을 통해 배우는 것도 가능하지만, 요즘 시대에는 알기 원하는 주제와 관련 있는 유튜브를 찾아보는 것도 괜찮은 방법이다.

내가 생각하는 인생의 방식은 크게 2가지다. 첫 번째는 직장생활을 하며 나의 시간을 팔아 월급을 받고 일정한 틀 안에서 보호받으며 내 삶을 타인에게 맡기고 방어적인 방식, 두 번째는 내가 스스로 하루의 시간을 계획하고 인생을 주도적으로 만들어 나가는 공격적인 방식이다. 이 둘 중 어느 것이 정답일 수는 없다. 그런데 우리가 사는 지금은 불행인지 다행인지 과거와 달리 평균 수명은 늘어난 반면 직장생활을 할 수 있는 기간은 짧아져서 전자의 삶이나 후자의 삶 모두 살아야 하는 경우가 대부분이다. 우리는 언젠가 명확하게 다가올 삶의 변화에 대해 제대로 이해하고 적극적으로 대응해야 하는 시대에 사는 것이다.

당신은 1년 전보다, 3년 전보다, 10년 전보다 더 잘 살고 있는가? 그렇지 않다면 앞으로의 상황도 지금과 별로 다르지 않을 것이다. 우리는 지금까지 오전 9시에 출근해서 오후 6시까지 열심히 일하는 직장생활을 당연하게 생각하며 살았다. 사람에 따라서는 1년 이내, 오래된 경우에는 10년 이상 그러했다. 너무나 긴 시간이다. 현재 하는 일을 사랑하는가? 열정을 가지고 근무시간 이후에도 일을 위해 공부하며 자신의 시간을 투자하는가? 나는 지금 나 자신에게 말하고 있다. 현재 하는 일에 가슴이 설레고 열정을 가지고 있는가? 설령 지금 하는 일이 성공하지 못하더라도 일하는 과정의 즐거움과 만족감으로 평생을 바칠 수 있겠는가? 그렇지 않다면 결론은 간단하다. 당신이 가장 두려워하는 일을 지금 당장 조금씩 시작해보라.

03

당신에게도 두 번째 재능이 있다

"주어진 운명을 따르기보다 자신의 한계를 극복하기 위해 노력하며 세상을 바꾸려는
노력 이전에 자신의 그릇된 욕망을 다스리는 데 주력하라."

― 데카르트

두려움은 꼭 해야만 할 일인 경우가 대부분이다

두려워하는 일을 지금 시작해야 한다는 것은 여러 가지 의미를 포함한
다. 우선 내가 두려워하고 겁내는 대상을 알아야 한다. 그리고 그것을 구
체화해야 한다. 사람들이 가장 두려워하는 일은 꼭 해야만 하는 일인 경
우가 많다. 자신이 관심 있고 하고 싶지만 용기가 없어 시작하지 못하는
일과 가까워지도록 노력해보자. 진정으로 원하는 것을 생각해보고 구체
적으로 당신의 인생을 중요한 것으로 채워보자. 좋아서 하는 고생은 언
제나 보상을 가져다준다. 그 보상은 당신이 기대한 방식이나 기대했던
때에 딱 맞지 않을 수도 있다. 하지만 당신의 관심사에 가까워지려는 노

력을 기울일 때 인생은 더디지만 한 걸음씩 나아가게 된다.

나는 우선 내가 원하는 것을 구체적으로 적어보기로 했다. 내가 무엇을 하고 싶은지, 어떤 것부터 시작해야 하는지 등 구체적인 방법에 대해서는 알지 못했다. 내가 하고자 하는 것에 스스로 재능이 있는지도 파악이 필요했다. 관심 있고 좋아하는 일이 꼭 재능이 있는 일과 일치하지 않을 수도 있으므로 우선 나는 자신보다 먼저 그 일을 경험해본 사람에게 조언을 구하는 것을 추천한다. 예를 들어 유튜브 등의 개인방송을 시작하기 위해서 동영상을 만든다고 가정해보자. 일단 무작정 시도하고 시행착오를 겪으면서 방법을 터득하거나 유튜브 관련 영상이나 책을 보면서 배울 수 있다. 일단 나는 한가한 주말에 시간을 내어, 예전에 영상편집 및 단편영화 제작을 경험한 지인에게 가장 먼저 무엇을 시작해야 하는지 물었다. 그런데 의외로 답변은 간단했다. 1분짜리 영상을 직접 찍어보라는 조언이었다. 그리고 1분짜리 관련 동영상의 링크들을 보내줬다.

'1분짜리 영상을 찍는다면 어떤 주제로 찍어야 할까? 출연자로는 누가 좋을까? 표현 방식은 어떻게 하는 게 좋을까?' 일단 시작하기로 마음을 먹으니 그에 대한 수많은 질문이 떠올랐다. 항상 막연하게 생각하기만 하고 시작하지 못했던 일을 나도 모르게 수많은 질문을 통해 구체화하고 있었다. 나는 동영상에 출연할 사람을 고민하다가 1분짜리 영상 때문에 돈을 쓰는 건 조금 현실적이지 못하다는 생각이 들어서 가장 접근이 쉬운 가족에게 부탁하거나 내가 직접 출연해야겠다고 생각했다. 이런 고민을 하다가 아버지가 생각났다. 당시에 마침 어린이날을 포함한 주말이라서 고향에 부모님을 뵈러 갈 예정이기도 하였다. 그렇게 아버지와 관련한 영상을 찍어보기로 마음먹었다.

생각만 해도 가슴 뛰는 일이 있는가? 여러 가지 환경과 조건 때문에 미루어둔 일, 생각만으로도 열정이 솟구치는 무언가가 있다면 당신은 꽤 괜찮은 인생을 사는 것이다. 그러나 이만하면 괜찮은 인생이라고 생각하는 것에서 멈출 것이 아니라, 꿈꾸던 인생, 성공한 삶을 살고 싶다면 원하는 일을 시작해야 한다. 인생이라는 긴 여정을 떠나면서, 희망과 의미만 찾을 수 있다면 사람은 내일을 살아갈 수 있다고 한다. 희망은 아무런 근거도 없이 내일은 무조건 잘될 거라고 생각하는 낙관적인 사고가 아니라, 어려운 상황이지만 확신을 가지고 나아가면 잘될 거라고 생각하는 것이다. 그렇게 도전하고 노력하는 자신을 확신하며 살아갈 때 우리는 어떤 고난이 있더라도 견딜 수 있다.

이상을 가지고 노력을 기울이자

대부분의 사람은 자신이 무엇을 원하는지 전혀 알지 못한다. 나도 내가 무엇을 원하는지 잘 알지 못한다. 우리는 가치 있고 하고 싶은 일을 할 때 변화를 꿈꿀 수 있다. 그리고 가치 있는 일을 하려면 '가능한 일'을 해야 한다. 우리는 좋아하는 일에 더 많은 시간을 쓰고, 원하는 일에 더 많은 시간을 투자해야 한다. 그러므로 '싫어하는 일을 하는 데 얼마나 더 적은 시간을 썼느냐'는 중요하다. 그런데 우리는 주로 좋아하지 않는 일을 하는 데 시간을 사용한다. 좋아하는 일을 하는 데 시간을 많이 내는 것은 어려운 일이다. 하지만 싫어하는 일을 빨리 처리하는 건 노력을 통해 어느 정도 극복이 가능하다. 이제 우리는 가능한 것부터 시작해야 한다. 이것이 곧 불가능해 보이는 일에 접근하는 가장 쉽고 빠른 방법이기 때문이다.

어떤 일을 할 때 최선을 다했는데도 실패하는 경우가 종종 있다. 우리는 매 순간 최선을 다해 살아간다. 다만 그걸 알아차리지 못할 뿐이다. '최선을 다해 후회 없이 살라'는 말은 자신이 최선을 다했음을 깨닫고 후회를 최소한으로 하라는 뜻으로 해석해야 한다. 우리의 결정적 실수는 최선을 다했는데도 무심코 최선을 다하지 않았다고 생각하며 자신을 책망하는 것이다. 어떤 일을 마쳤을 때는 의식적으로 자신이 최선을 다했

다고 인식해보라. 그러면 생각이 바뀌고 후회하는 시간이 줄어들 것이
다. 이는 인생을 조금 다른 각도에서 바라볼 수 있게 되는 것이다. 최선
을 다했다는 걸 온전하게 깨닫는 순간, 결과는 그다지 중요하지 않다. 오
히려 어떤 일에 최선을 다했어도 완전히 성취하는 것은 불가능한 경우가
더 많고, 또한 성취했다고 해서 필연적으로 행복해지는 것도 아니다. 역
설적이지만 이 사실은 그것을 향해 노력하고 나아가는 과정에서 행복과
보람을 느끼는 것이 가장 중요하다는 근거가 된다.

"사람이 모든 길을 갈 수는 없다. 성공은 한 분야에서 얻어야 하고, 우
리 직업은 오직 하나의 인생 목표로 삼아야 하며, 다른 모든 것은 이것에
종속되어야 한다. 나는 일을 어중간하게 하는 것을 싫어한다. 그것이 옳
으면 대담하게 하라. 그것이 그르면 하지 말고 버려라. 이상을 가지고 산
다는 것은 성공적인 삶이다. 사람을 강하게 만드는 것은 하는 일이 아니
라 하고자 노력하는 것이다."

헤밍웨이의 말이다. 그는 일의 옳고 그름을 판단하여 그것에 매진하
는 것을 성공의 조건으로 보았다. 또한 이상을 가지고 노력하는 것이 사
람을 강하게 한다고 생각했다. 노력의 본질적인 부분을 중요하다고 여긴
것이다. 자신의 능력을 잘 파악하고 스스로 그것을 선택했다면 나아가는

과정에서 실패를 거듭하더라도 꾸준히 노력해야 한다. 즉, 자기가 목표한 분야에서 꾸준히 노력하면 언젠가는 조그만 성공들을 경험하고 그 과정에서 행복과 기쁨을 발견하게 되며, 그것들이 쌓여서 스스로 변화하는 삶을 살게 된다는 것이다. 노력은 기본적으로 몸과 마음을 다하여 애를 쓴다는 것이다. 말 자체 이미 고통이 전제되어 있다. 이는 노력을 위해서는 기본적으로 실패나 어려움을 감내해야 한다는 말이기도 하다. 바로 이렇게 중요한 사실이 "다른 모든 것은 이것에 종속되어야 한다."라는 말에 감추어져 있다. 인간은 기본적으로 편안한 것을 원하게 되어 있다. 서 있기보다는 앉아 있고 싶어 하고, 앉아 있기보다는 눕고 싶어 한다. 하지만 그런 편안한 상태를 원하는 마음을 절제하는 동시에 노력을 실행할 때. 비로소 인간은 인간답게 성장할 수 있는 것이다.

모든 재능의 발견은 시간의 투자를 전제로 한다. 직업을 바꾸든, 꿈을 키우든, 돈을 벌든, 재능이나 꿈을 찾아가는 일에는 시간이 필요하다. 그러므로 꿈의 시작과 동시에 그것이 실현되기보다는, 생각보다 먼 미래에 성과를 볼 수 있는 경우가 대부분이다. 꿈이 무르익어 결과를 보여주기까지는 일정한 시간이 필요하다. 그곳까지 인내하고 걸어가야만 원하는 것과 만날 수 있다. 가끔은 '나만 다른 사람과는 다르게 꿈이 무르익어 성장할 때까지 기다리지 못하는 것은 아닐까?'라는 불안함이 찾아오기도 한다. 하지만 어떤 상황에서도 인내하며 걸음을 멈추지 않는다면 언젠가 꿈과 재능은 만나게 되어 있다. 그리고 재능이나 노력을 가볍게 볼 수는 없지만, 결국 성공과 실패를 결정짓는 것은 일정한 시간을 묵묵히 버틸 수 있느냐에 달린 것이 아닐까 생각한다.

I BELIEVE IN YOU

BELIEVE IN YOURSELF

BE POSITIVE

교사를 그만두고 영화감독이 된 '신수원'

그녀는 〈마돈나〉, 〈명왕성〉, 〈명왕성〉, 〈레인보우〉, 〈순환선〉, 〈유리정원〉 등으로 여러 영화제를 휩쓴 50세가 넘은 여성 영화감독이다.

그녀는 교사로 일하던 30대 중반에 한국예술종합학교 영상원에 들어갔다. 학교생활을 한 지 7년 정도 되었을 무렵이다. 방학 때 글을 쓰며 전업 소설가가 될까 고민하다가 아예 일을 그만둘 수는 없으니 '휴직하고 문예창작과에 들어가야겠다'고 마음먹었는데, 마침 한예종 영화과 광고를 보게 되었다. 보자마자 '저기다!' 싶었다.

늦은 나이에 영화를 시작했으니 동기들은 그녀보다 10년 가까이 어렸다. 심지어 여자라서 더 힘들었다. "여자 감독 40 넘으면 아무도 안 써 줘."라는 말도 들었다. 주눅 들고 기가 죽고 패배감도 들었다.

하지만 '내가 선택한 건데 어떡해!' 싶었다. 사람들의 편견 때문에 죽을 수는 없었다. 그녀는 늦게 시작했기 때문에 몇배 더 노력했다고 말한다.

신수원 감독은 가장 안정적인 직업에서 손에 꼽히는 불안정한 직업으로 옮겨, 칸 영화제와 베를린 영화제를 석권했다. 누군가는 '그 정도 했으면 괜찮지 않냐'고 묻지만 그녀에게 중요한 것은 '그 일을 계속하는 것'이다.

"항상 이기적이어서는 안 되지만 내 삶은 내가 없으면 끝이에요. 내가 행복하지 않으면 안 되잖아요. … 내 삶의 주인공은 나니까요."

– 참고 : "늦깎이로 승부수 던진 당찬 여성들", 「여성조선」, 2018.02.15.

04

행복에 대한 몇 가지 오해와 진실

"언제나 현재에 집중할 수 있다면 행복할 것이다."

–파울로 코엘료

행복에 대한 오해와 진실

인간은 언제 행복할까? 대부분의 사람은 원하던 것을 얻었을 때 행복할 것으로 생각한다. 하지만 아쉽게도 이렇게 얻은 행복은 오래가지 못한다. 수십 년간 허리띠를 졸라매며 모은 돈으로 꿈에 그리던 집을 사면 행복하다. 하지만 오랜 고생 끝에 맛본 이 행복감은 야속하게도 생각보다 오래가지 않는다. 인간의 감정은 변하지 않는 것에 대해서는 더 이상 반응하지 않기 때문이다. 행복은 본질적으로 감정적 경험이다. 그렇다면 오랫동안 지속적으로 행복을 경험하려면 어떻게 해야 할까? 난 개인적으로 누군가를 사랑할 때 행복하다고 느낀다. 이성을 사랑하면 상대방을 떠올리는 것만으로 가슴이 설레고 행복을 느낀다. 아침에 일어나면서 나도 모르게 콧노래를 흥얼거리는 것과 같이 사랑이라는 감정에 집중하는 순간순간이 행복하다. 어서 빨리 상대방을 만나 일상을 함께하고 싶은 마음에 상대방과의 약속을 기다리는 시간조차 즐겁다.

이렇게 사랑하는 대상이 사람이 아닌 직업이라면 어떨까? 내가 원하고 사랑하는 일을 하는 상상을 해보자. 어린 시절에는 내가 사랑하는 사람들과 함께, 내가 원하는 일을 하면서, 경제적인 성공까지 이루는 상상을 했다. 1990년대 후반에 인터넷이 보급되기 시작하면서 예전에는 상상할 수 없었던 일들이 가능해지는, 새로운 시장이 열리기 시작했다. 인터넷을 사용하면서 IT 붐은 태풍처럼 강해졌고 그와 관련된 기업들이 세계적으로 우후죽순처럼 생겨났다. 적어도 이 분야에서만큼은 누구나 성공이 보장될 것 같은 시기였다. 실제로 PC의 수요가 폭발적으로 늘어나면서 윈도우 시리즈로 유명한 마이크로소프트의 '빌 게이츠'는 세계에서 가장 많은 부를 축적했고, 이 시기에 지금은 카카오에 인수된 '다음'도 급격한 성장을 하고 네이버나 구글도 본격적으로 성장을 시작했다.

예전에는 보통 대학교를 졸업하면 회사에 지원해서 면접을 보고 머지않아 직장생활을 시작했다. 하지만 요즘 청년들은 취업이 예전처럼 쉽지 않은, 힘든 시기를 겪고 있다. 어렵게 직장을 구하고 사회생활을 시작해도 꿈꾸던 이상적인 직장의 모습과는 괴리감이 있어 힘들어하기도 한다. 업종마다 다르긴 하지만 새로운 것을 만들어내거나 창조적인 작업을 하면서 성취감을 느끼기 때문에 광고나 예술 관련 업종은 만족도가 높다고 한다. 일반적으로 우리가 다니는 직장은 9시에 출근하여 6시 정도에 퇴근한다. 하루 중 8-9시간 정도를 직장에서 보내는 것이다. 한국인의 연간 근로시간은 감소 추세이기는 하지만, OECD 회원국과 비교하면 긴 편에 속한다. 하지만 수명이 늘어나고 고령 인구가 빠르게 증가하는 반면, 복지시설에 대한 만족도나 국민이 느끼는 행복 정도는 크게 나아지지 않았다.

　'행복'이란 단어를 사전에서 찾아보면 '사람이 생활 속에서 즐겁고 만족을 느끼는 상태에 있는 것'이라고 정의되어 있다. 보통 부로 인해 행복을 느끼는 것은 단지 빈곤을 벗어나거나 미래에 대한 기대가 존재할 때이다. 현재 가진 재산은 행복의 요소가 되지 못한다고 한다. 그럼 행복의 반대말은 무엇일까? 행복의 반대말은 불행이 아니다. 불만이다. '불만'의 사전적 의미는 '마음에 들거나 차지 않아 언짢거나 원망스러운 것'이다. 우리는 '행복하냐'는 질문을 받으면 대부분 쉽게 대답하지 못한다. 누군가를 사랑하거나 행복한 가정이 있는 사람들 역시 선뜻 대답하기 어려운 질문이다. 행복이 절대적인 상태가 아니라서 시시각각 변하기 때문이기도 하지만, 불행하지 않다는 데서 기인하거나 불행이 끝났다고 느끼는 시점부터 행복하다고 생각하기 때문이다.

우리는 왜 많은 행복의 조건이 있는데도 불행하다고 생각하거나 현재에 만족하지 못하는 것일까? 행복의 요건 중 하나는 창의적인 일을 하거나 좋아하는 일을 공부하고 열심히 노력하는 것이라고 한다. 이 부분은 사람마다 차이가 큰 것 같다. 남들이 봤을 때 가진 것이 많고 성공한 사람이라도 그보다 더 부유한 사람을 부러워하거나 가지지 못한 것에 불만을 느낀다면 불행할 수 있고, 내가 가진 것이 상대적으로 적은 사람이라도 자신이 가진 것에 만족하고 감사함을 느낀다면 행복할 수 있다. 이런 점에서 행복은 삶을 바라보는 '태도'라 볼 수 있다. 현재가 조금 불행하더라도 미래에 대한 개선 가능성과 희망이 있다면 인간은 행복할 수 있다고 한다. 어떤 상황에서도 긍정적인 태도를 보일 수 있다면 행복의 원리를 경험할 수 있다. 하지만 이런 희망적인 미래가 보이지 않고 '지루함'과 '권태'가 지속된다면 행복을 찾는 일이란 전혀 쉽지 않을 것이다. 결국 내가 살아가는 사회에 함께 노력해서 발전하고자 하는 사람들이 많다면, 개선의 여지가 보이고 건강한 사회를 만들고자 하는 기대감으로 다 함께 행복할 수 있을 것이다.

나만의 행복에 기준을 찾아보자

흔히 살면서 남의 눈치를 많이 본다. 행복한 사람일수록 남의 시선이나 눈치를 보지 않거나 덜 신경 쓰는 반면에 불행한 사람일수록 자신의 행복보다는 남의 시선이나 기대에 맞추어 살아가려고 노력한다. 부모님의 눈치를 보느라 가고 싶은 대학이나 학과에 못 가고, 가족의 기대에 부응하기 위해 다니기 힘든 직장도 견디면서 묵묵히 버티어낸다. 살아가면서 부모님을 포함한 가족, 친구들의 기대에 부응하려고 최선을 다해 열심히 노력하지만 정작 중요한 나에 대한 기대는 뒷전으로 밀려나 있다. 가족을 먼저 생각하고 그들의 기대에 부응하며 사는 것이 나쁘다는 소리는 아니다.

다만 단 1번 주어진 인생에서 언제까지 가족이나 소중한 사람들을 위한다는 핑계로 내 삶의 길을 주체적으로 만들어가는 것을 미룰 것인지 생각해볼 필요가 있다는 뜻이다. 적어도 1번 정도는 시간을 가지고 진지하게 고민해보길 바란다. 세상 그 누구도 아닌 오직 자신만을 위해서 나는 어떤 노력을 기울이고 있는가? 아이들을 위해, 배우자를 위해, 부모님을 위해 사는 인생이 아니라 나 자신의 재능과 능력을 발견하고 내가 무엇을 좋아하는지 나 자신과 대화하는 시간을 가져보았으면 한다.

우리가 흔히 범하는 실수 중 하나는 소중한 사람이 행복하면 나도 행복하다고 하는 것이다. 행복은 간단하게 정의 내릴 수도 없고 그 의미 또한 상당히 복잡해서 결론 내리기 쉽지 않다. 나도 내 주변의 소중한 사람들이 행복하면 행복하다고 생각하고 이것이 잘못되었다고 생각하지 않는다. 오히려 자신의 행복만을 위해서 가족이나 친척, 주변의 사람들에게 부담을 주거나 피해를 주는 것은 지양해야 한다고 생각한다. 하지만 행복은 결국 다른 사람이 아닌 내가 주체가 되어야 한다. 내 주변 사람이 모두 행복한데 나는 불행하다면 결국 그것은 불행한 것이다. 남의 시선으로부터 자유로운 나로 살아가기를 진지하게 고민해보기를 바란다.

소중한 사람을 위한 인생을 살다가 어느 순간 나는 없고 나의 부모님, 나의 배우자, 나의 아이들을 위한 인생만 존재한다면 진정으로 행복하다고 할 수 있을까? 물론 이런 삶도 의미가 있고 충분히 행복하다고 생각할 만한 가치 있는 삶이다. 단, 그들을 위해 살았다는 사실이 자신이 생각하는 행복의 본질이라는 조건을 만족시키고, 미래에 그들에게 보상을 바라지 않으며 현재의 삶을 후회하거나 그들을 원망하지 않을 것이라고 확신할 수 있는 경우에 그렇다. 만약 그럴 자신이 없다면 잠시 나를 중심으로 생각해보자. 지금 내가 선택한 삶이 정말 내가 살고 싶은 것이었는지, 혹시 일상이 무의미하다고 생각하거나 지루하다고 느껴지지는 않는지 말이다. 내 행복을 위해 그들을 외면하라는 것이 아니다. 다만 자신을 잊고 삶을 계속 이어가면 결코 행복을 찾을 수 없다는 것을 말하는 것이다.

내가 행복해지기 위해서는 우선 내 꿈을 떠올려보는 것부터 시작하는 것이 좋다고 생각한다. 내가 무엇을 원하는지, 무엇을 하고 있을 때 행복을 느끼는지 고민해보는 것이다. 의외로 이런 질문을 하면 쉽게 답하지 못하는 사람들이 많다. 자신의 행복보다는 나 아닌 다른 사람들의 기준에 맞추어 살다 보니 정작 본인이 좋아하는 것을 모르는 것이다. 이런 경우에 나는 독서를 통해 자신과 대화를 나누어보는 것을 적극적으로 추천한다. 좀 더 발전하면 책 쓰기를 통한 의식의 확장을 권하고 싶다. 하지만 많은 일이 그렇듯이 처음부터 계획을 너무 크게 세우면 그 일이 마치 숙제처럼 느껴지면서 쉽게 포기하게 된다.

책 쓰기를 했다면 어렵게 생각하지 말고 일단 어색하더라도 써보기를 추천한다. 일기를 써보거나 생각날 때마다 핸드폰에 조금씩 적어보는 것도 괜찮다. 우리가 꿈을 찾거나 행복해지기 위해서는 우선 우리가 무엇을 좋아하고 어떤 것을 할 때 행복한지 알아야 한다. 이렇게 독서나 글쓰기를 통해 자신의 내면과 대화를 하다 보면 자신이 무엇을 좋아하고 어떤 것에 행복을 느끼는지 알게 될 것이다. 그리고 자신이 원하는 것을 찾게 되면 우선 주변은 생각하지 말고 일단 실행해보기를 추천한다. 내가 행복하고 좋아하는 일을 찾아 기쁨을 얻고 행복을 찾아가기 위해 노력하다 보면 어느 순간 성공이나 행운이 당신 곁에서 미소 짓고 있는 것을 발견하게 될 것이다.

05

신자유주의가 가져온 불행

"국가는 균형 있는 국민경제의 성장 및 안정과 적정한 소득의 분배를 유지하고, 시장
의 지배와 경제력의 남용을 방지하며, 경제주체 간의 조화를 통한 경제의 민주화를
위해 경제에 관한 규제와 조정을 할 수 있다."

– 헌법 제119조 2항

신자유주의가 가져온 불행

'신자유주의'란?	자유방임 경제를 지향, 자본의 세계화, 자유무역, 국제적 분업 → 시장개방 자유시장, 정부의 규제 완화, 재산권 중시 완전고용 해체, 노동시장의 유연화
긍정적 측면	경쟁 시장의 효율성, 국가경쟁력 강화
부정적 측면	불황, 실업, 빈부격차의 확대, 시장개방 압력에 의한 선 · 후진국의 갈등 초래
자본의 이동에 의한 생산시설의 이전, 그로 인한 일자리의 감소 발생 신자유주의 + IT 기술의 발전 → 일자리의 감소 발생	

신자유주의가 대두되면서 '자본의 세계화'라는 경제 질서가 전 세계로 확산되었다. 정부의 경제 간섭을 최소화하고 시장과 기업에 최대한 자율성을 부여하는 것이 '지속 가능한 발전'에 필수적이라는 인식이 저변에 깔리게 되었다. 이런 신자유주의적 사고는 더욱 확산되었고 시장이 모든 것의 최우선 고려사항이 되어 국가와 지역의 경계, 심지어는 문화의 경계까지 무너뜨리게 되었다. 이와 더불어 IT 혁명은 기업들의 생산현장과 연구개발 또는 마케팅 기지를 분리하는 데 큰 역할을 했다. 예를 들어 자동차 1대를 생산하는 데 필요한 부품을 중국이나 독일 및 여러 나라에서 각자 생산하고, 별도의 장소에서 조립하여 전 세계를 대상으로 판매하는 유통라인을 구축하게 된 것이다. 핵심기술을 필요로 하는 시설은 유지한 채, 단순 작업을 위한 시설들은 저렴한 노동력을 찾아 국외로 이전하는 작업도 이때부터 활발하게 이루어졌다. 특히, 중국과 베트남의 개방은 더 싼 노동력을 찾기 위해 고민하던 많은 자본을 대부분 흡수하기에 충분했다. 이제는 대부분의 생산품이 브랜드와 상관없이 'made in china'라는 문구를 볼 수 있는 경우가 많다.

신자유주의와 IT 혁명의 만남은 지식 기반 서비스업의 비중을 증가시켰다. 특히, IT 분야에는 최초 연구개발 과정에서 개발자 및 프로젝트 관리자, 디자이너 등이 필요하다. 초기에 많은 인력이 투입되기 때문에 인건비의 부담이 매우 크다. 하지만 무형의 소프트웨어 및 프로젝트가 완성된 결과물이 시장에 지배력을 행사하게 되면 이후로는 고정적인 운영비와 관리비만으로 획기적인 수익이 보장된다. 예를 들어 페이스북이나 유튜브는 사람과 사람을 연결해주는 서비스와 광고수입만으로 세계에서 최고의 기업이 되었다. 우리가 자주 사용하는 인터넷 쇼핑몰은 기존의 오프라인 상점에서 구매하던 물건들을 인터넷상점이라는 가상공간에서 구입할 수 있게 해주었다. 판매자와 구매자의 연결을 위해 필요하던 공간이 사라진 것이다. 과거에는 전자제품이나 물건을 구매하기 위해 오프라인 상점을 이용했다면, 이제 우리는 핸드폰으로 인터넷 쇼핑몰에 접속해서 아주 편리하게 상품을 구매한다.

우리나라는 5,000년이라는 긴 역사의 중심이었던 농경 자본사회에서 산업 자본사회로 바뀌는 데 20년이 채 걸리지 않았다. 1세대 산업자본의 시대는 그 후 약 30년간 이어졌다. 하지만 1990년대 중반 1세대 산업자본에 위기가 닥친다. 이제는 대중들이 절대적 결핍과 빈곤에서 벗어난 것이다. 2세대 산업자본이 승자로 등극하기 시작했다. 익히 알고 있는 삼성, LG, 현대 등 소위 재벌기업이 경쟁에서 살아남았다. 예전에는 일본에서 생산된 제품들이 인기가 좋았다. 가격은 조금 비싸도 제품의 품질이나 깔끔하고 예쁜 디자인이 매력적이었다. 중국과 한국, 일본 3개국의 제품 중 조금 비싸더라도 당연히 일본제품을 선호했다. 우리나라에서 생산된 제품은 질이 조금 떨어지지만 쓸 만하면서 가격이 합리적이었다. 이 당시 중국제품은 짝퉁이라는 이미지가 강했다. 하지만 스마트폰이 등장한 뒤로는 애플이 대세이다. 최근의 핸드폰 선호도는 가격대별 특성에 따라 갈리긴 하지만, 애플의 아이폰, 삼성의 갤럭시, 다음이 샤오미라고 할 정도로 대체적인 인식이 변하였다. 어느새 기업의 경쟁은 나라를 뛰어넘어 범세계적인 규모로 커졌고, 우리는 더 이상 중국을 무시할 수 없는 시대에 살고 있다.

신자유주의나 IT 산업의 발전은 우리나라에만 국한되어 벌어지는 일이 아니다. 오히려 한국은 국제적인 흐름의 영향을 받으며 글로벌 경쟁시대의 틈에 끼어 있다고 할 수 있다. 시대의 흐름이 나를 포함한 사회에 영향을 주고 그 결과 극심한 취업난과 저성장에 익숙한 사회가 되어간다는 사실은 진지하게 시간을 두고 고민해봐야 할 문제이다. 우리는 하루가 다르게 급변하는 시대를 살아가고 있다. 이 시대는 우리에게 평생직장이라는 개념을 버릴 것을 강요하며, 대신에 비정규직과 프리랜서라는, 안정이 보장되지 않는 불확실한 미래를 살아갈 수도 있음을 인정하라고 이야기한다.

미래를 대비하는 패러다임의 변화

2007년, 내가 2년간의 일본 생활을 마무리하고, 한국에 돌아와서 일하게 된 회사는 결제대행사였다. '결제대행사'라는 단어가 생소할 수도 있어 간략히 설명하자면, 우리가 인터넷 쇼핑몰에서 물건을 구매하면 가맹점과 카드회사는 네트워크망을 통해서 결제과정을 진행한다. 소비자가 결제 팝업창에 카드번호 및 개인정보를 입력하고 물건을 구매하면, 이때 결제시스템을 제공해서 온라인상에서 카드결제를 할 수 있도록 도와주는 서비스를 제공하는 업체가 결제대행사이다. 온라인 쇼핑몰을 패키지 상품을 대략 50만 원 정도의 가격에 1,000명에게 판매하면 어떨까?

대충 계산을 해봐도 5억 정도의 매출이 발생한다. 이처럼 소프트웨어 산업은 하나의 웹사이트를 만들고, 그곳에 상품을 등록하여 소비자와 구매자를 연결해준다. 공간의 제약 없이 온라인상에 쇼핑몰과 결제 모듈을 적용하면 온라인 매장이 완성된다. 오프라인 매장에서 지급해야 하는 비싼 임대료나 소비자와의 직접적인 만남 없이도 수익을 창출할 수 있는 것이다. 최초의 웹사이트를 만들기 위해서는 시간과 비용이 많이 필요하지만, 쇼핑몰이 완성된 뒤에는 디자인이나 쇼핑몰 사업자의 품목, 취향, 기능 등의 요구사항에 맞춰 쉽게 재생산이 가능한 구조이다.

이렇듯 과거의 제조업과 달리 IT 산업은 제품의 생산이 노동력에 비례하지 않는다. 원가는 고정되어 있지만, 생산량은 압도적으로 증가할 수 있는 구조이다. 무형의 재화는 연구개발과정에서 고임금 지식근로자들을 엄청나게 투입해야 하지만, 막상 그 제품이 시장에서 소비자에게 호응을 얻기 시작하면 획기적인 수익이 보장되는 것이다. 과거 인터넷 서점에 불과했던 아마존이 4년이라는 시간을 들여, 각고의 노력 끝에 새로운 공용 클라우드 서비스를 개발했다. 아마존웹서비스(AWS)는 이렇게 만들어졌다. AWS를 이용하는 기업은 클릭 몇 번으로 서버를 늘리거나 줄일 수 있다. 홈페이지 관리자는 트래픽 증가 조짐이 보이면 AWS에 접속해 클릭 1번만으로 서버 규모를 늘린다. 반대의 경우에는 다시 줄이면 된다. AWS는 B2B 시장에서 그야말로 충격적인 서비스였다. 지금까지 많은 기업은 서버 용량을 늘리기 위해 물리적으로 서버를 설치해야 했다. 그러나 AWS의 등장으로 필요한 만큼 서버 자원을 늘리거나 줄이는 일이 가능해졌다. 이를 통해 기업은 막대한 유지비용을 아낄 수 있게 된 것이다.

산업혁명 이후에 본격적으로 시작된 기술 진보의 역사는 시간과 공간 등 자연법칙의 제약 때문에 인간이 고통받아온 기아와 노동으로부터 해방된 역사라 할 만하다. 이러한 역사는 오늘날 급진전한 정보통신기술

(ICT)혁명으로 가속화되고 있다. 기술의 발전으로 인간의 삶은 풍족해졌으며 인류 지식과 인식의 범위는 획기적으로 넓어졌다. 하지만 기술의 진보가 모든 지역, 계층, 세대를 행복하게 한 것은 아니다. 누군가는 기술 진보의 이득으로 부를 이루었고, 누군가는 직장을 잃기도 하였을 것이다.

이 상황에서 청년들은 새로운 변화를 보는 관점, 패러다임의 변화를 보는 시각이 냉철해져야 한다. 친환경적이고 자연과 자원을 많이 소모하지 않으면서도 높은 부가가치를 창출하는 새로운 산업시스템에서 미래를 주도할 인재는, 기계가 아닌 사람이 만드는 부가가치를 이해해야 한다. 새로운 사회변화에 민감하게 고민하고 준비해야 한다. 이에 정부 역시 획기적인 규제 변혁에 나서야 한다. 역사상 새로운 위험 요소는 안전하지 않더라도 금지하지 않아야 하며, 이를 이용하면서 경험을 쌓아 안전한 방법을 발전시킨 나라가 결국에는 새로운 산업혁명의 승자가 되었다는 사실을 깨달아야 한다. 정부와 기업과 청년들이 머리를 맞대고, 이미 시작된 4차 산업혁명 시대의 성공적 공존을 모색해야 하는 시기가 도래한 것이다.

06

우리를 가두는 직장이라는 감옥

"하루 8시간씩 성실하게 일해봤자 결국에는 사장이 되어 하루 12시간씩 일하게 될 뿐이다."

– 로버트 프로스트

직장이 사라진다

알람시계 소리에 아침을 맞이한다. 비몽사몽으로 졸린 몸을 이끌고 세수를 하고 머리를 감는다. 서울에서 평균 출퇴근 시간은 1시간이다. 9시까지는 출근을 해야 하므로 늦어도 7시 30분에는 집에서 나와야 조금 여유 있는 아침을 시작할 수 있다. 출근 시간에 조금만 늦장을 부려도 지하철에서 쏟아져 나오는 사람들의 틈바구니에 끼어 정신없는 하루를 시작하게 되는 것이다. 이런 날에는 회사에 출근하기도 전에 힘이 빠져서 출근하는 동시에 퇴근하고 싶을 정도로 지친다. 당신이 출근할 때의 모습은 어떤가?

직업이란 생활을 유지하기 위해 급료를 받고 자기의 적성과 능력에 따라 한 가지 일에 종사하는 지속적인 사회 활동이라고 정의된다. 직장은 그런 사람들이 일하는 물리적인 공간을 의미한다. 요즘은 100세 시대라고 한다. 기대수명이 상당히 늘어났지만 마냥 좋기만 한 것은 아니다. 직장의 정년은 정해져 있으므로, 은퇴 이후에도 오랫동안 먹고살기 위해서는 돈을 벌어야 하기 때문이다. 사람들은 정규 직장의 생활이 끝난 후에도 일을 계속해야 하는데, 그것은 정규 직장의 연속이 아니라 지금까지 경험하지 않았거나 생각하지도 않았던 분야의 일인 경우가 대부분일 것이다. 일은 사람을 건강하고 유익하게 만든다. 하지만 평생 몸담았던 정규직 일과 다른 일을 하게 될 때 정규 직장에서의 조건이나 대우, 임금 등과 비교하며 자신감을 상실하는 상황을 맞게 될 수도 있다. '퇴직'이라는 말은 계속 존재하지만, 언젠가 '은퇴'라는 말은 사라져버릴지도 모른다.

빌 게이츠는 2050년이 되면 노동 인구의 50%가 집에서 일할 것으로 예측했다. 더욱 놀라운 것은 사람들은 재택근무나 유연근무제를 환영한다는 사실이다. 미래에는 생각보다 훨씬 더 가까운 시일 안에 회사에서 가정으로 일의 공간이 바뀔지도 모른다. 사람들은 개인적인 공간의 상실을 아쉽게 생각하겠지만 곧 새로운 근무 방식에 적응할 것이다. 그들은 자유의 가치를 배울 것이고 오늘날 많은 회사의 '9시 출근 6시 퇴근'이라는 틀에서 벗어나 시간을 저당 잡히는 방식의 감옥에서 해방될 것이다.

고용의 세기가 마감되고 앞으로의 사회에는 무엇이 펼쳐질까?

나는 4년간의 대학 생활을 마치고 첫 직장에 들어갔다. 직장에 다니면서 새로운 경험을 할 기회도 많았고 배울 것도 많았다. 회사의 일원으로서 맡겨진 역할을 잘해내기 위해 부단히 노력했다. 그 당시 나보다 직장생활을 오래했던 직장상사의 말을 빌리자면 직장생활을 시작하고 3년 동안에 열심히 노력하고 키운 실력으로 그 후의 시간을 살아간다고 하였다. 지금 생각해보니 그 말에 수긍이 간다. 처음 입사한 직후 아무것도 모르는 신입 때에는 무작정 열심히 한다. 앞만 보고 달린다는 생각으로 하루를 힘겹게 헤쳐 나간다.

그러다가 어느 정도 회사 생활에 적응하면 익숙해진 회사 생활에서 조금씩 게으름을 피우기 시작한다. 사회는 학교와 달리 급여를 받으며 일을 하는 곳이고, 회사가 이익을 내기 위해서는 직원이 각자 1인분 이상의 역할을 해내야 한다. 그러나 신입사원 시기에는 아는 것이 많지 않기 때문에 부단히 노력해도 0.5인분 정도의 성과를 내는 게 대부분이다. 어느 정도 시간이 흐르고 사원을 거쳐 대리 정도가 되면 1인분 정도의 일을 하게 된다. 이처럼 우리는 사원, 대리, 과장, 차장, 부장을 거치면서 진급을 하고, 직급이 오를수록 회사에서는 요구하는 것이 많아지며 그만큼 임금도 상승하게 된다.

나의 두 번째 직업에 대한 생각

이제는 평생에 걸쳐서 2~3가지의 직업을 갖는 것이 당연한 시대가 되어가고 있다. 어떤 일을 그만두고 다시 시작하는 것이 쉬운 일만은 아니다. 자신의 이력을 자기 스스로 책임져야 하는 것은 커다란 도전이다. 도전을 무사히 헤쳐나가는 사람들은 자유와 기회를 한껏 음미할 것이고, 그렇지 않은 사람들은 직장생활 이후의 생활이 힘겹고 숨 막힐 것이다. 그런 사람일수록 시간과 노력을 들여 자신의 가치를 높이고 스스로 인생을 책임지며 사는 방법을 배워야 한다.

자기 시간을 자유롭게 통제한다는 것은 주어진 시간에서 해야 할 것과 하고 싶은 것 중 우선순위를 정하고 선택한다는 말이다. 때에 따라서는 거절할 줄 아는 단호한 마음가짐이나 태도도 필요하다. 회사에 자신의 시간을 팔아 월급을 받을 때는 회사가 규정하는 직위나 신분에 의해 많은 것이 결정되지만, 이제는 명함이나 회사의 지원 없이 자신의 존재를 스스로 증명해야 한다.

돈이 인생의 전부는 아니지만 자본주의 사회에서 돈은 선택이 필요한 순간에 결정의 기준이 된다. 회사에서 벗어나 프리랜서나 개인사업자로 일하게 되면 우리의 존재나 실력은 일정 수준의 노력이나 시간을 들이지 않고는 과거 누리던 대우나 급여를 보장해주지 못할 확률이 높다. 간절히 소망하면 배우지 못할 것이 없다는 사실은 변하지 않는다고 믿고 꾸준한 자기 계발에 힘써야 한다. 우리는 어떤 것을 간절히 바라고 그것을 하기 위해 무엇이 필요한지 발견해내야 한다. 이러한 열정이나 노력은 일단 도전을 결심하면 그와 동시에 성패 여부와 상관없이 여러 가지 것을 배울 수 있도록 도와준다. 우리는 실패와 실수에 대해 말하지 않고 오로지 경험과 성과로 우리 자신을 증명해가기 시작할 것이다.

사회 초년생 때처럼 우리는 새로운 분야나 낯선 환경에서 적응하기 위해 한동안 부단히 노력하고 넘어지고 다시 일어서면서 배울 것이다. 나이가 들어서 새로운 것을 배우는 데 필요한 시간은 과거보다 더 많이 필요하고 그 과정도 더 오래 걸릴지도 모른다. 지금까지 경험해보지 않았던 일은 나보다 어린 사람들에게 물어보고 배우게 되는 경우도 생길 것이다. 걱정하지 마라. 이제껏 살아오면서 배워온 가치, 신념, 태도가 우리를 지탱해줄 것이다.

다시 현실로 돌아와 아직 회사에 다니고 있다는 사실에 안도할지도 모른다. 주말에는 문화생활을 즐기며 기분전환을 하거나 집에서 휴식을 취하며 다시 시작될 한 주를 준비한다. 그렇게 주말을 보내고 월요일이 되어 출근 시간이 다가오는 지금 심정이 어떠한가? 즐거운 마음에 한시라도 빨리 회사에 출근하고 싶은가? 아니면 답답하고 숨이 막혀오는가? 우리는 직장에 다니는 동안 '감수하는 삶'을 살고 있다. 한 번뿐인 인생을 그저 감수하며 살고 싶지 않다면 바깥으로 나올 수 있는 시간과 기회를 의도적으로 확보해야 한다. 내가 지금 하는 일을 통해 직장 밖에서 할 수 있는 일을 충분히 숙고하고 내가 정말 하고 싶은 일이 무엇인지 찾는 노력을 해야 한다. 모든 것이 충분하고 넉넉하다면 우리는 더 나은 결과를 분명 얻을 수 있다. 그런데 왜 성공적인 결과를 얻는 데 시간을 충분히 들이지 않는가? 만족스러운 결과를 얻으려면 충분한 시간을 투자해야 한다.

우리는 인생이라는 시험을 치르고 있다. 내일 당장 시험지를 받아들 텐데 시험문제에 관한 공부가 하나도 안 되어 있다면 누구를 원망해야 할까? '1개월만 시간이 있다면 좀 더 완벽하게 준비해서 시험을 잘 봤을 텐데, 아니 1년만 더 시간이 주어졌다면 이렇게 당황하지 않고 인생이라는 시험지에 답을 쉽게 썼을 텐데.' 하며 후회할지 모른다. 10년 뒤, 또는 코앞에 닥친 미래를 막연히 두려워만 할 뿐, 그것을 준비하는 시간을 지금까지 미뤄왔기 때문이다. 정말 예측하기 쉽고 당연한 이야기를 하는데도 많은 사람은 생전 처음 듣는 이야기처럼 충격을 받는다. 우리는 우리를 답답하게 가두는 직장이라는 프레임 안에 있는 순간에도 직장 밖에서 기다리는 새로운 삶을 철저히 준비하고 대비해야 한다.

회계사에서 관광 통역 안내사가 된 '신애경'

신애경은 30세 전까지 스페인어를 해본 적 없는 평범한 직장인이었는데 지루한 일상을 탈피하려고 살사댄스를 추면서 스페인어를 공부하기 시작했다. 처음부터 스페인어를 하려고 한 것은 아니었다. 살사댄스를 추면서 자연스럽게 스페인어를 공부하기 시작했다.

당시에는 스페인어 학원도 별로 없어서 영어로 된 스페인어 교재를 사서 공부했다. 공부하다가 지겨우면 살사댄스를 추고 계속 음악을 들어가며 공부했다. 그녀는 수익이 일정하지 않은 직업 특성 때문에 '단기 아르바이트'를 하기도 한다. 그러나 안정적이고 지루하던 과거 삶에서 벗어나 다이내믹한 삶을 살아가는 지금이 좋다고 말한다.

"지금보다 더 행복하고 재미있지 않을까 하는 기대가 도전하게 만드는 원동력인 것 같아요. 저는 가치 있는 게 재미있거든요. 그전에는 삶이 지루했는데, 지금은 다이내믹하고 재미있어요."

– 참고 : "늦깎이로 승부수 던진 당찬 여성들", 『여성조선』, 2018.02.15.

2

지금부터 인생
2막을 준비하라

01

인생 2막 준비가 필요한 이유

"비관주의자는 모든 기회에서 위험을 보고, 낙관주의자는 모든 위기에서 기회를 본다."

— 윈스턴 처칠

인생 2막 준비가 필요하다

'왜 인생 2막에 대한 준비가 필요한가?' 당신이 이 책을 뽑아 들었다면, 당신은 이미 이 질문의 답을 알고 있을 가능성이 크다. 너무나도 익히 들어 이제는 당연한 사실로 알고 있지만 이 책을 통해 한 번 더 확인하고 싶을 수도 있을 것이다. 아니면 정말로 그에 대한 답을 몰라 이 책을 읽고 있는지도 모른다. 전자가 됐든 후자가 됐든 결론은 누구나 인생 2막에 대한 준비가 꼭 필요하다는 사실이다.

나는 요즘 진지하게 인생 2막에 대해 준비를 하고 있다. 이런 준비를 하고 있다고 해서 내가 하고 싶은 이야기는 현재 다니고 있는 직장을 최대한 빠르게 그만두고 탈출해서 자유로운 인생을 살아보자는 식의 주장을 하려는 것은 아니다. 우리가 깨달아야 할 것은 우리가 기대하는 것보다 훨씬 더 오래 살게 된다는 점과 현재 우리가 다니는 회사에서 예상보다 훨씬 빨리 집으로 돌아가게 될 수 있다는 사실이다. 여기에서 우리가 오래 사는 것은 왜 문제가 될까? 오래 살 수 있다는 말은 축복이 아니던가? 우리는 보통 40-60대에 은퇴를 하고 그 후로도 30-50년의 삶을 더 살게 된다.

은퇴 이후 생계를 유지하고 먹고사는 문제가 해결해야 하는데, 보통 우리는 국민연금이나 개인연금 이외에 집을 포함한 부동산이나 금융자산을 준비해놓는다. 그러나 은퇴 이후에 생활비나 축적한 자산만으로 편안하게 사는 삶이 보장될 수 있을까? 이 질문에 대한 답은 크게 2가지로 나눌 수 있다. 하나는 돈을 부지런하게 모아 문제가 없을 것이라고 대답이고, 다른 하나는 성실히는 살았으나 대출이자와 자식들 키우는 육아비와 생활비로 지금까지 힘들게 살아왔으니 앞으로 일을 안 하고 사는 데 문제가 있다는 결론이다. 사회적 시스템이나 복지시설의 도움으로 남은 노후를 아무 걱정 없이 편안하게 보낼 수 있을까? 이것이 내가 인생 2막을 진지하게 고민하는 이유이다.

올해 마흔이 되어 청춘과 젊음을 부러워하는 이유는 열정과 몰입감으로 힘든 일도 육체가 견디어낼 수 있기 때문이다. 흔히 삶을 보며 20대는 준비, 30대는 질주, 40대는 수확의 시기라고 말한다. 20대에 준비하지 않으면 30대에 질주할 힘이 없다. 이렇게 말하고 있는 나도 20대와 30대를 거치는 동안 20대 준비를 제대로 못 하였으며, 30대에 질주는커녕 출발선에 제대로 서지도 못하였다. 이렇게 준비 없이 40대를 맞다 보니 20대와 30대의 회한이 40대까지 이어져 현재의 발목을 잡고 있다. 40대가 된 지금이라도 삶에 대해 성실히 준비하려 하지만 몸이 예전과 같지 않다며 한계를 느끼게 된다. 이렇게 우리의 수명은 길어졌지만 건강하게 회사에서 수입을 벌어들일 수 있는 시기는 점점 줄어들고 있다. 50대 전후로 해서 우리는 원하지 않더라도 회사를 떠나 프리랜서나 자영업자, 정규직 일자리가 아닌 '비정규직' 일자리라는 범주에 들어가는 삶을 살아가게 되는 것이다.

내 인생 2막의 해결책은 나만 알 수 있다.

나는 2005년에 처음 취업을 하여 거의 13년 이상 자바 웹 프로그래머의 삶을 살고 있다. 흔히들 생각하는 컴퓨터전공학과를 졸업하고 IT 회사에 입사하여 사원, 대리, 과장을 거치면서 남들처럼 직장생활을 하고 있다. 월급도 대기업이나 잘나가는 사업자만큼은 아니지만 평균적으로 받아 살아왔다고 생각한다. 하지만 직장생활을 할수록 커지는 불안감과 예정된 불행 앞에 벗어나는 일이 쉽지 않다는 생각이 계속 밀려온다. 예전에 우스갯소리로 은퇴하면 치킨집을 차린다고 하였다. IT 업계에는 일이 잘 안 풀려 야근을 하다가 치킨을 배달시켰는데 배달 오신 사장님이 막힌 코딩을 해결해주셨다는 전설 같은 이야기가 전해지고 있다. 정말로 IT 업계에서 일하던 개발자들은 은퇴하면 어떻게 되는 걸까? 예전과 다르게 개발자로 살다가 프로젝트 관리자나 팀장 또는 프리랜서로 살거나 조그마한 중소기업에 자리를 잡아 소박하게 R&D 연구소 소장으로 자리를 지키며 살거나 아니면 전혀 다른 분야에 직업을 시작하게 될 수 있을 것이다. 하지만 좀 더 시간이 흐르면 그 위치에서 물러나야 할 시점이 올 것이다.

정해진 정답이나 해결책은 없다. 단지, 이런 문제가 내가 일하고 있는 IT 업계에 국한된 이야기만은 아니다. 회사에서 어느 정도 연차가 오래되고 월급이 오르면 그에 맞는 책임과 능력을 발휘해야 회사에 필요한 사람이 된다. 회사는 다들 알다시피 이익단체이다. 회사 차원에서는 경력은 오래되어 받는 월급은 적지 않게 받는데 그만큼 일을 제대로 소화하지 못하는 사람은 불필요하다고 판단한다. 회사 차원에서는 회사에 다니는 직원이 제대로 일을 못 하면 손해를 보는 것이기 때문이다. 40대에 가까워지거나 50대 정도가 되면 일하는 능률이 예전과 같지 않으며 건강상 태도 20대나 30대와 같을 수 없다. 그래서 프리랜서로 전업을 하거나 은퇴를 하여 전혀 다른 직업으로 다시 시작하기도 한다. 내가 예상하기로 미래 사회에는 아마 대부분의 사람이 회사에서 일하기보다는 회사 밖에서 일할 확률이 높을 것이다.

아무리 시대가 변해도 전문직 종사자나 서비스업종에 일자리는 계속 존재할 것이다. 하지만 공무원들처럼 일정 기간 정년까지 일할 수 있는 직종은 제한적이거나 눈에 띄게 줄어들 것이라 생각한다. 더욱 많은 사람이 정규직보다는 프리랜서나 시간제 일을 통해 먹고사는 문제를 해결할 것이라고 예상한다. 우리나라에서 실력이 뛰어난 고급 인력이 공무원으로 살아가는 모습을 보면 가끔 안타까운 생각이 든다. 공무원이 나쁜 것은 아니지만 뛰어난 인재들이 공무원이 되어서 훌륭한 국가의 에너지가 낭비되는 것은 아닌지 생각하는 것이다. 저성장 시대의 특성상 안정적인 직장생활을 추구하고 변화를 꿈꾸거나 창의적인 직업보다는 탄탄하고 나이가 들어도 크게 위험이 없는 삶을 꿈꾸는 마음도 이해가 간다. 어쨌든 1990년대생이 공무원에 몰리는 현상이나 청년들이 취업에 실패하여 좌절하는 힘든 현실을 보면 우리나라의 무엇이 잘못되었다는 생각과 함께 희망마저 잘 보이지 않는다.

이 시점에서 내가 제시하는 제안은 자신이 선택과 달리 반강제적으로 50대나 60대에 은퇴하여 선택한 직업이나 결정이 무모한 도전이 될 수도 있다는 이야기를 하고 싶은 것이다. 은퇴 이후 축적된 자산이 충분하여 사회에서 취미 삼아 일하는 경우에는 큰 문제가 아니지만 생계를 위해 일할 때는 수익 측면에서 만족스럽지 못한 일자리를 얻게 되거나 잘 알지 못하는 사업을 시작해서 은퇴 이후에 사용해야 할 자금을 날려버리는 경우에 대한 우려를 말하는 것이다. 한 살이라도 젊을 때 부딪혀서 실패하면 금방 일어날 수 있다. 자기 전공을 벗어나 새로운 일을 시도하는 것도 두려울 수는 있지만 우리가 정말 경계해야 하는 일은 불안감과 막연한 두려움 때문에 아무것도 하지 않고 소중한 시간을 낭비하여 인생을 정말 위험하게 만드는 일이다.

살다 보면 누구나 언젠가 큰 결정을 내려야 할 때가 온다. 무언가를 시작하고 실패했을 때 젊다면 그나마 일어날 힘이 있지만, 나이가 들수록 결정과 선택이 힘들어지고 실패로 인한 타격은 더 커진다. 점점 더 잃을 게 많아지므로 관심이 있는 일이 있다면 뭐든 빨리 시작해보는 게 좋다. 그리고 새로운 인생 2막을 선택할 경우 자신이 좋아하는 것이나 재능이 있는 일을 선택하는 게 좋다. 새로운 일을 하게 될 때 열정과 노력을 기울이게 되는데 이때 재능이 있거나 좋아하는 일은 중간에 실패하거나 힘이 들더라도 버틸 힘이 생긴다. 하지만 좋아하지도 않고 재능도 없는 일이면 쉽게 좌절하거나 금방 포기하게 되어 오래가지 못하는 경우가 발생한다. 직장을 다니는 동안에 조금씩 준비하길 바란다. 인생에서 수입과 지출의 시기를 나누어보자면 그래도 안정된 회사에 다니는 동안은 수입의 시기이다. 인생 2막에 대해 조금씩 준비해나간다면 회사에서 떠나야 하는 지출의 시점이 왔을 때 인생 2막을 좀 더 안정적으로 시작할 수 있을 것이다.

02

골든타임은 퇴직 전후 3년이다

"거리낌 없이 1시간을 낭비하는 사람은 아직 삶의 가치를 발견하지 못한 사람이다."

– 찰스 다윈

언제부터 인생 2막 준비가 필요한가?

현재 이 글을 읽고 있는 당신의 나이는 몇 살인가? 책을 읽는 것은 친구를 사귀는 것과 비슷하다. 예전에 저명한 인사가 쓴책을 읽은 기억이 있다. 그 당시 그 책을 읽으면서 많은 부분을 이해하지 못했다. 그 책 내용이 어렵기도 했지만 나의 경험이 그 책의 저자의 경험에 못 미쳤기 때문이다.

다시 어느 정도 시간이 지나 그 책을 다시 읽었을 때는 마치 전혀 다른 책을 읽는 듯한 느낌이었다. 전체적인 구성이나 이야기는 이전과 다르지 않은데 나와 그 책 사이에 떨어진 간격만큼이나 그 책에 대해 느끼는 이해도가 높아졌다. 저자가 나에게 해주고 싶었던 메시지를 시간이 한참 흐른 후에 비로소 깨닫게 된 것이다.

나이를 먹고 인생을 살아간다는 것은 어느 정도 익숙한 것과 새로운 것 사이에 교차점을 지나는 것이다. 내가 직장생활 신입사원 때와 현재를 신입사원으로 살아가는 사람들의 힘든 정도에는 차이가 있다. 직장생활을 13년 정도 한 현재의 내가 뒤돌아본 나의 직장생활은 힘든 시절도 있었고 의욕에 넘쳐 멋모르고 열심히 일할 때도 있었다. 보통 직급이 낮을 때는 사수와 짝을 이루어 프로젝트를 진행하다가 어느 정도 직급이 올라가면 나보다 직급이 낮은 팀원들과 팀을 이루어 프로젝트를 진행한다. 즉 직장생활을 하는 것은 나와 전혀 다른 사람들과 소통하며 주어진 업무를 처리해가는 일이다. 그 안에서 나와 죽이 잘 맞는 사람을 만나기도 하고 나와는 전혀 성격이 맞지 않는 사람과 함께 일을 진행하기도 한다. 좋든 싫든 결국 동아리나 친목 단체가 아니므로 함께 일을 하고 일정한 성과를 이루어야 한다.

나를 싫어하는 직장 동료를 만날 수도 있고, 그들이 싫어하는 직장 동료가 나일 수도 있는 것이다. 직장생활이 힘든 것은 대부분 일이 힘들어서라기보다 함께 일하는 직장 동료 때문인 경우가 많다. 나와 생각이 다르거나 서로 기대하는 능력과 관점에 대한 이해의 차이에서 문제가 발생한다. 내가 상대방의 입장에서 생각을 못 하거나 내 입장만 고집할 때 문제가 발생한다. 회사에서 일하는 모든 사람이 나와 친하다고 착각하거나 내 생각만 고집하는 경우에 이런 일이 발생할 확률이 높다.

우리가 회사를 선택하고 들어올 때 직장 동료들을 선택하고 들어오지 않는 것과 같은 이치이다. 이렇게 회사 안에서 나와 생각이 다른 사람과 일하는 것은 좋을 수도 있고 때로는 지옥 같은 상황을 불러올 수도 있다. 어떤 경우라도 우리는 그 상황에서 최고의 선택을 하고 좋은 점은 취하고 좋지 않은 점은 고쳐나가야 한다. 그래야 앞으로의 직장생활이 행복해질 것이다.

한 신문에서 '직업을 갖는 이유'에 대한 설문조사와 국가별 답을 본 적이 있다. 호주는 자아실현이라 답했고 일본은 직장 내의 인간관계 때문이라고 했다. 그러나 한국은 오직 돈을 위해 직업을 갖는다고 한다. 그렇게 연봉만 보고 들어간 직장생활은 과연 만족스러울까? 같이 일하는 동료를 함께 협력하며 성장하는 동료가 아니라 나의 자리를 위협하는 경쟁 상대로 바라보고 있는 건 아닐까? 요즘 직장에서 스트레스를 받으면 사람마다 다양한 방법으로 스트레스를 풀기 위해 술을 취할 때까지 마시거나 쇼핑으로 푼다고 한다. 그리고 시간이 지나 '내가 무엇 때문에 이렇게 회사에서 열심히 일했을까?' 하는 생각이 밀려와 뒤늦게 후회하기도 한다.

우리가 아무리 월급을 벌기 위해 직장생활을 한다고 하지만 아침에 일어나 회사에서 보내는 시간을 8시간 이상이다. 퇴근 후에 집에 도착해서 보내는 시간은 길어야 6시간 정도이다. 회사에 있는 동안 아무리 사무적으로 일 처리를 하고 월급을 위해 일한다고 해도 함께 일하는 동료와 사이가 좋지 않으면 회사에 있는 시간이 지루하고 더디게 흘러갈 것이다. 높은 연봉과 행복하지 않은 직장생활에서 우리는 과연 행복할 수 있을까? 사회적으로 누군가에게 존중받고 결국 중요한 자아실현이라는 단계로 이어져야 삶이 균형을 이루고 행복할 수 있다고 한다. 먹고사는 문제도 중요하지만 앞으로 살아가는 인생의 과정이 행복하지 않다면 한 번쯤 멈추어 서서 진지하게 고민해봐야 한다고 생각한다.

관심과 재능을 찾아 조금씩 준비하자

일반적으로 행복한 시간은 1시간도 1분처럼 짧게 느껴지고 지루하고 관심 없는 시간은 1분도 1시간처럼 여겨진다. 누군가 우스갯소리로 긴 여행을 떠날 때 가장 빠르게 가는 방법은 마음이 맞는 친구와 함께 가는 것이라고 했다. 어떤 일을 배우는데 3년, 실력을 키우는데 3년, 뭘 좀 알고 뛰는데 3년, 이렇게 '시간'을 들여야 어떤 일이든지 전문가 반열에 들어서게 된다. 보통 재능이 노력보다 우선이라는 말이 있다. 솔직히 나도 사회 초년생 시절 정말 오랫동안 고민한 문제이다.

예를 들어 피아노에 재능이 있는 음악천재들은 처음부터 피아노를 잘 쳤던 것일까? 아니면 남들보다 더 많은 시간을 들여 피아노를 쳤기 때문에 피아노를 잘 치는 것일까? 재능을 가지고 있지 않은 사람도 한 가지 일에 열정과 노력을 들이면 전문가처럼 그 일을 해낼 수 있다.

단지 차이는, 재능이 있는 사람은 그 시간을 즐기면서 재미있게 배울 것이고 재능이 없는 평범한 사람은 그 시간이 길고 지루하다고 느껴서 권태나 지루함에 힘든 시간을 보내게 될 거라는 점이다. 이런 점에서 무언가를 오랫동안 잘하고 즐기면서 하려면 좋아하는 일을 해야 한다는 결론에 도달한다. 비단 좋아하고 즐기던 일도 일로 접하면 싫어질 수 있지만, 그것을 꾸준함과 성실함으로 극복해낸다면 어떤 일이라도 해낼 수 있을 것이다. 아니 그 일을 해내지 못하더라도 그 일에 노력과 열정을 다하는 과정에서 스스로 재능을 발견하게 될 것이다. 여기서 우리가 절대 포기하지 말아야 하는 것은 우리가 하고자 하는 일에 '시간'이라는 노력을 기울이는 일이다.

우리는 정규 직장생활이나 은퇴의 시기가 점점 짧아지는 시대에 살고 있다. 결국 정규 직장의 생활이 끝나고 회사 밖으로 나가 2-3개 정도의 직업을 더 가지고 살아야 하는 것이다. 정규 직장의 생활이 40대나 50대에 끝나더라도 우리는 30-40년의 먹고사는 문제를 안고 살아야 한다. 그러므로 우리는 정규 직장의 생활을 하는 동안 재능을 찾고 회사 밖에서의 인생 2막 준비의 골든타임을 놓쳐서는 안 된다. 수입이 꾸준히 있을 때 우리는 일정 시간을 투자해 우리가 열정을 가지고 할 수 있는 일을 준비해야 한다. 우리가 이렇게 조금씩 미래에 대한 준비를 해도 미래가 무작정 희망적이고 밝고 환하지는 않다. 그래서 가끔 우리는 삶을 돌아보며 아무것도 이루지 못했다고 여기는 것이다. 즉 미래에 대한 열정을 가지고 지금 우리가 좋아하는 즐거운 일에 몰입하지 있지 않기 때문에 불행한 것이다.

나는 내 꿈을 위한 통장을 만들고 3년 후 구체적인 계획도 세우고 있다. 앞으로 정규 직장의 생활이 3년이 될지, 그것보다 짧게 되거나 길게 될지 아직 어느 것도 정해진 것은 없다. 하지만 나는 하루의 일정 시간을 따로 빼서 인생 2막에 대한 준비를 시작했다. 우리는 일과 삶이 균형을 이룰 때가 가장 안정적이고 즐겁다. 그저 하고 싶은 일을 준비하면서 꾸준히 계획하고 준비해 나가는 일이 아무것도 안 하면서 불안하게 걱정하고 막연한 미래에 대해 무방비 상태로 마주하는 것보다 현명한 판단이라고 생각한다. 우리에게 주어진 시간에 즐거운 일을 하고 일 자체에 몰입하며 그 분야에서 기량을 쌓다 보면 우리의 삶은 풍요로워진다. 이것이 내가 인생 2막 준비의 골든타임을 준비하는 원동력이자 이유이다.

I BELIEVE IN YOU

BELIEVE IN YOURSELF

BE POSITIVE

은퇴 후 철도신호사가 된 '방영용'

방병용 씨는 한국철도공사(코레일)에서 32년간 근무하다가 퇴직한 후에도 1년 단위 계약직 철도 신호업무로 근무하고 있다. 정년을 다 채우지도 못하고 조기 퇴직하는 사람이 많은 시대에 퇴직하고 집에서 놀며 무기력에 빠지는 사람이 넘쳐나지만 그는 퇴직을 하고도 계속해서 일하고 있다.

계약직이라서 계약을 해주지 않으면 그날로 실업자 신세가 되기 때문에 미래가 불투명하지만, 그는 은퇴 후에도 일하며 살 수 있는 것에 감사하면서 살고 있다.

"많은 돈을 투자하여 사업에 뛰어들었다가 힘들게 번 은퇴자금을 한순간에 날려버리는 것보다 남들 보기에 하찮은 일이지만 즐겁고 작지만 보람된 일을 하면 된다고 생각합니다."

03

직장을 다니고 있을 때 준비하라

중요한 것보다 소중한 것을 먼저 하라.

– 스티븐 코비

직장인의 4가지 유형

직장을 다니면서 인생 2막 준비를 병행한다는 것은 어떤 의미일까? 직장생활을 하는 것만으로도 너무 어려운데 인생 2막을 준비하라니 더 힘든 것 같다. 하지만 나는 반대로 직장생활이 힘들수록 더욱 인생 2막을 준비할 시기가 가까워졌다고 생각한다. 다니던 직장생활이 어렵지 않고 무난할 수도 있다. 너무 오래 해왔기 때문에 나만의 루틴도 생겼고 큰 어려움 없이 직장생활을 하는 사람은 어떻게 해야 할까? 현재까지 10년 또는 20년 동안 꾸준히 해온 일에서 나만큼 전문가도 없고 나를 대체할 인력이 없을 수 있다. 하지만 시대는 하루 빠르게 변하고 있고 기업 역시 빠르게 변하고 있다. 한국 사회에서 공무원을 빼고 직장생활을 하는 사람 중 직장에서 근속할 수 있는 평균 연수는 어떻게 될까? 스스로 질문해보기 바란다. 개인사업자나 공무원이 아닌 이상 언젠가는 회사에서 꼭 필요한 인재가 내가 아닌 다른 사람으로 대체되거나 회사의 주요업무가 바뀌어 내가 회사를 나가야 하는 상황이 일어날 것이다. 우리는 때때로 일 잘하고 능력이 뛰어나 임원까지 최단 코스로 진급할 것 같던 직장 상사에 퇴사 소식을 듣기도 한다. 우리는 예전 부모세대가 겪은 평생직장이라는 개념과 달리, 끊임없이 공부하고 변해야 살아남는 시대에 살고 있는 것이다.

나는 어떤 유형의 직장인일까?

첫 번째 유형은 '현실 안주형'이다.

현재 상태에 만족하며 낙천적인 삶을 살아가는 부류다. 이런 유형의 문제는 위기가 닥쳤을 때 대처 능력이 떨어진다는 것이다. 평생 가족의 생계를 책임져줄 거라 여기던 본인이 직장에서 쫓겨나 집으로 돌아왔을 때 누구를 원망해야 할까? 이는 가장 안전한 선택이 가장 위험한 상황으로 바뀌는 경우다. 언제든 위기를 맞을 수 있는데도 현실 안주형 직장인들은 지내면서 문제가 없기 때문에 앞으로도 문제가 없을 것으로 생각하고 낙천적으로 살아간다. 힘든 일이 없고 안정적이라는 말은 반대로 정말 힘든 위기가 발생했을 때 그런 상황에 대해 쉽게 포기하거나 어떻게 대응할지 준비가 안 되어 있다는 말일 수 있다.

두 번째는 유형은 '전문가형'이다.

직장에서 뛰어난 실력을 발휘하며 이들이 없으면 회사가 돌아가지 않을 정도로 일을 잘한다. 하지만 이들의 뛰어난 실력은 더 많은 일을 요구받게 되고 그 안에 너무 능력이 혹사당하다가 본인이 왜 이렇게 힘든 삶을 살아가는지 모르게 된다. 회사에서 너무 뛰어나다는 것은 그만큼 많은 희생과 대가를 요구하는 경우가 많이 생길 수 있다는 이야기이다. 그런 뛰어난 실력을 인정받고 회사에서 더 좋은 대우를 받으면서 만족스럽게 인생 2막을 준비할 수 있다면 다행인데, 이런 유형은 회사에게 끊임없이 최대의 능력을 요구당하고 그 능력을 소비하게 된다. 그러다가 정작 회사에서 필요가 없어 나가야 되는 상황이 되면 자신을 위해 해놓은 것이 아무것도 없다는 생각이 밀려오면서 회사에 이용만 당했다는 생각이 들 수 있고, 이제껏 열심히 살아온 본인의 삶은 무엇을 위한 것인지 정체성 혼란까지 올 수 있다.

세 번째 유형은 '자아실현형'이다.

지금 하는 일과 본인이 꿈꾸던 일이고 자신감과 열정을 가지고 노력하는 사람들이다. 보통 주변에 그렇게 많지는 않지만 이런 유형은 자신감과 자부심을 느끼며 직장생활을 해서 직장에서의 성취가 곧 본인과 연결되는 경우가 많다. 보통 팀장이나 CEO 등으로 직급이 높은 경우와 회사에서 크게 성공하거나 워커홀릭인 경우가 많다. 하지만 일을 너무 열심히 한 나머지 가정에 소홀하거나 일 외의 것들에 대해 우선순위를 크게 배정하지 않기 때문에 시간이 흐른 후 상실감이나 후회감이 들 수 있다.

네 번째 유형은 '생계유지형'이다.

4가지 유형 중 가장 안타까운 유형이다. 직업에 대해 그렇게 열정적이지 않지만 일을 하는데도 그렇게 크게 문제가 되지 않는다. 다만 생계를 유지하는 목적으로 직장생활을 하므로 직장에 대한 성취도나 만족도가 낮아 직장생활을 하는 동안 길고 지루한 시간을 보낼 수 있다. 많은 직장인이 대학교에서 전공을 선택하지만, 본인의 적성을 명확하게 깨닫고 대학교를 정하는 경우는 그렇게 많지 않기 때문에 전공을 살려 직업을 구하는 경우가 많다. 그래서 취업하지만 직장생활을 통해 점점 포기하는 삶에 익숙해지는 것이다. 다가오는 월급날을 기다려 한 달 동안 수고한 본인에게 보상으로 선물을 줄 수도 있지만 그것마저 쉽지 않은 경우가 허다하고, 본인에게 보상으로 선물을 준다고 해도 또다시 길고 지루한 직장생활은 이어진다.

대한민국에서 직장인으로 살아간다는 것

이제 우리는 한 가지 직업이 아닌 최소 2개 이상의 직업을 가지고 삶을 살아가는 시대에 살고 있다. 직장에 다니는 동안 퇴근 후 동료들과 술과 뒷담화로 시간을 허비할 수도 있다. 회사에 있었던 동안에 스트레스를 드라마나 예능프로그램을 보면서 풀 수도 있다. 하지만 정말로 그것으로 충분한 것일까? 이렇게 많은 시간을 보내는 회사에서 하는 일에서 재미를 찾지 못하는 것만큼 커다란 불행도 없다. 우리는 황금보다 더 가치 있는 시간의 절반 이상을 직장에서 보낸다. 내 주변에도 일에서 즐거움을 찾지 못해 출근하자마자 퇴근을 기다리는 사람들이 많다. 그런 경우 주말 역시 다음 한 주를 살아가기 위한 쉼인 것이다.

왜 이렇게 우리의 직장생활은 힘들고 우리는 퇴근이나 은퇴 이후에 삶을 꿈꾸는 것일까? 이럴 때일수록 우리가 우리 자신에게 해줄 수 있는 일은 무엇이 있을까? 세상에서 가장 사랑해야 할 나 자신에게 지속할 수 있고 멋진 선물을 줄 수 있을까? 이런 나 자신에 행복에 관한 질문이나 본인이 하고 싶은 일에 대해 명확하게 정의해보자. 오늘도 직장에서 힘들게 고생하고 돌아온 나 자신을 위해 최고의 선물은 무엇일까? 육체적 피로를 느낀 몸에는 단잠을 선물할 수 있고, 직장에서 온종일 웃음 없이 과묵하게 보낸 나에게 아무 생각 없이 웃을 수 있는 예능프로를 선물해줄 수도 있을 것이다. 하지만 나는 조금 더 고민한 끝에 어릴 적 꿈을 선물해보기로 했다. 대학을 졸업하고 직장생활을 하기 전, 월급의 단맛을 알기 전에 내가 꿈꾸던 직업이나 소망은 무엇인가? 누군가는 패션디자이너, 누군가는 화가, 또 다른 이는 작가로 그 외에도 다양한 소망이 있을 것이다.

그동안 너무 오랫동안 잊혔던 각자의 꿈을 선물해보자. 꿈이 무엇인지 생각이 안 난다면 지금부터 천천히 본인에 대해 생각해보자. 나이가 들어가면서 드는 생각이지만 나에 대해 나만큼 나 자신을 사랑해주지 않고 무관심한 사람이 또 있을까 싶다. 가끔은 의무감으로 누군가는 익숙함으로 하루를 또 살아간다. 이렇게 우리는 살아가는 대로 그냥 사는 경우가 많다. 그러다가 어느 순간에 삶을 돌아보게 된다. 은퇴 시기나 자녀들이 다 컸을 때 자신을 돌아볼 수 있다. 아니면 병원에 건강검진을 받으러 갔는데 예상치 못한 병에 걸리거나 친한 지인이 죽었을 때, 인생의 의미와 삶의 중요한 우선순위에 대해 생각하게 된다. 안타깝게도 우리는 꼭 소중한 것을 잃고 나서야 뒤늦게 깨닫는다.

04

당신이 원하는 것을 알고 있는가?

"정보가 무엇을 소비하는지는 분명하다. 정보는 받아들이는 사람의 관심을 소비한다. 따라서 정보가 넘쳐나면 관심이 부족해지므로, 지나치게 많은 정보에 대한 효율적인 배분이 필요하다."

—하버트 사이먼

정보와 데이터의 차이

나는 2007년 잠실 근처 결제대행업체에 입사했다. 그리고 그 당시에 회사에서 업무에 대해 잘 모르는 나에게 이사님이 직접 업무를 가르쳐주셨다. 그 당시 나는 기본적인 개발 기술만 지니고 있을 뿐 실질적인 업무 처리는 따로 교육을 통해 배워야 했다. 실제로 우리가 받아들이는 정보의 양은 과거에 비해 엄청나게 많다. 포털사이트의 뉴스창에는 끊임없이 새로운 이슈가 떠오른다. 사실 그 엄청남 정보를 제때 읽어내기도 어려운 지경이다. 수많은 정보 중 우리에게 필요한 정보를 선택하고 가공해야 진짜 우리에게 유용한 데이터가 된다. 정보와 데이터를 구분해야 한다는 말이다. 아리스토텔레스는 "현상은 복잡하지만, 본질은 단순하다." 라고 말했다. 실제로 현대를 살아가는 우리는 현상의 포로가 되기 쉽다. 많은 정보 중 우리가 정말 필요한 정보는 제한적이고, 무엇보다 중요한 것은 그 많은 정보가 실제로 나에게 정말로 필요한 정보를 찾는 데 방해 가 된다는 사실이다.

일례로 우리가 업무에 필요한 메일을 확인하기 위해 웹브라우저를 켜 서 인터넷 접속을 하게 되는데 처음에 의도했던 일을 놓치고 노출되는 최신뉴스나 광고 때문에 웹서핑하게 되는 경우가 종종 생긴다. 우리는 일을 하기 위해 계속 인터넷을 들락날락하면서 우리가 원하는 정보는 정 작 한 줄도 못 건지고 시간만 낭비하는 경우가 생기는 것이다. 가끔 인터 넷을 하며 음악을 듣고 TV를 보며 밥을 먹는 사람들이 있다. 멀티태스킹 이 가능한 사람들이다. 하지만 무언가 집중력하고 중대한 결정이나 업무 를 하기 위해서는 우리는 의도적으로 주위에 넘쳐나는 인터넷이나 매체 들을 차단할 필요가 있다.

이와 비슷한 맥락에서 사람들은 자기가 뭘 하고 싶은지 전혀 모른 채 로 인생을 살아간다. 심지어는 학업을 마치고 직장을 잡고 돈을 벌며 살 아가면서도 본인이 하고 싶은 일이나 무엇을 원하는지 정확히 알지 못한다. '도대체 나는 무엇을 하며 살아가고 싶은 것일까? 현재 내가 꿈꾸고 가장 행복하며 열정을 가지고 즐기고 있는 것이 무엇일까?' 지금 나도 학교를 졸업하고 13년째 직장생활을 하면서 살아가고 있지만 내가 무엇을 하고 싶은지 전혀 감을 잡지 못하고 있다. 하지만 40세가 된 시점에서 나 스스로 질문을 해봤다. '내가 정말 원하는 인생은 무엇인가? 왜 이 질문을 이제야 나에게 물어본 것일까?' 이런 고민 없이 살아온 시간이 조금 억울했다. 지금부터라도 내 인생의 주인공은 내가 되어야 한다고 생각했다. 영문도 모른 채 다른 사람에 눈치만 보다가 인생이 흘러온 기분이 들었다.

질문에 대한 정확한 답을 알 수 없지만 조금씩 내가 무얼 하고 싶은지 찾아가는 노력이 필요하단 생각이 들었다. 그러기 위해서 우선 내 삶에서 중요한 것과 덜 중요한 것을 구분해보기로 했다. 내 인생에 중요한 우선순위는 가족과 나에게 월급을 주는 직장 그리고 나 자신이었다.

그런데 왜 나는 내 인생의 우선순위를 정할 때 무의식적으로 가족을 최우선순위로 놓았을까? 내가 원해서 선택하고 태어난 것은 아니지만 성장하면서 교육을 받았고, 그동안 나도 모르는 사이에 가족이란 공동체를 최우선으로 생각하고 있었다. 솔직히 부모님이 행복하지 못하면 내 삶은 불행할 것이다. 하지만 내 삶의 기준을 가족이나 부모님의 시선에 맞추어 살아가는 것은 반대로 내가 불행해지는 선택일 수 있다.

인생을 한 편의 연극과 같다고 한다. 내가 살아 있는 지금 이 순간은 가장 극적이고 중요한 나 자신의 인생인 것이다. 내 삶에서 자신에게 설명되지 않는 부분도 없고 설명되지 않는 다음도 없는 것이다. 삶도 연극처럼 다양한 형태가 존재한다. 비극도 있고 희극도 있다. 처음부터 빠르게 극적으로 진행되는 이야기도 있고 마지막 부분에 절정을 만들어 행복한 결말로 감동을 줄 수도 있다. 하지만 인생이 연극이랑 다른 점은 작가도 연출도 배우도 관객도 모두 나 자신이라는 점이다. 내 삶의 관객은 바로 나인 것이다. 따라서 나의 이야기는 남이 아닌 내가 공감을 할 수 있어야 한다. 주연인 내가 내 삶을 막연한 행운이나 아무런 노력 없이 만들어간다면 관객인 나의 호응을 얻을 수 없을 것이다.

누군가 인생을 100세로 보고 50대를 12시라고 말했다. 내 나이가 40세이니 아직 오전이라는 이야기다. 희망적인 이야기다. 아직 내 인생이라는 연극을 극적인 노력을 통해 후반부에 행복한 결말로 나아갈 수 있는 반전을 만들 수 있는 시간이 남아 있는 것이다. 내가 좋아하고 가슴 설레는 일들을 하나씩 시도해보면서 살아가기로 원칙을 정했다. 행복하게 일하다 보면 그 일의 성공 여부와 상관없이 내가 즐길 수 있는 것을 찾을 수 있을 거란 생각이 들었다. 시도하는 과정 중 '실패하는 순간'에 내가 가고자 하는 방향을 객관적이고 냉철하게 확인하고 내가 어느 위치에 있는지 볼 수 있다. 앞으로 타인의 눈을 신경 쓰지 않고 '나다움'을 찾아가는 시간으로 채워가기로 결심했다.

몸이 하는 소리에 귀를 기울여라

어떻게 나다움을 찾을 것인가? 일단 내가 좋아하고 하고 싶은 일들을 하나씩 적어보고 조금씩 행동하면, 그 과정 안에서 내가 살아 있음을 생생하게 느끼고 감사함을 하나씩 발견하면서 앞으로 나아가다 보면 알게 될 것이다. 지난 금요일에 회사에서 개인적으로 힘든 일이 있었다. 모든 것이 절망스럽게 느껴졌다. 열심히 산다고 살았는데 주변 사람들 시선에는 그렇게 보이지 않았던 것 같다. 서운한 일을 뒤로한 채 미리 잡아 놓은 일정으로 진행하기 위해 이동했다. 기분은 울고 싶었지만, 금요일 저녁 힘들게 찾아간 그곳은 'HIMANGO 10주년 스페셜 토크쇼'였다. 금요일이라 용산구 이태원에 있는 이광희뷰티크를 찾아가는 길은 꽉 막혀 있었다. 지친 몸과 마음으로 앞으로도 뒤로도 못 가는 상황이 마치 나와 같았다. 무작정 카카오택시 블랙을 호출하고 혼란스러운 상황에서 탈출하기로 했다.

상황이 힘들고 복잡해 몸과 마음이 지쳤지만, 오히려 생각은 단순하고 명료해졌다. 머리가 아닌 몸이 이끄는 대로 움직이기로 했다. 동작역에서 방황하고 있는 나를 택시기사님이 빠르고 안전하게 탈출시켜 주셨다. 나는 조금 비용이 들었지만 편안하게 그 상황에서 나를 구해줄 수 있는 택시에 몸을 실었다. 금요일 저녁 막힘없이 내가 가고자 하는 방향으로 갈 수 있었다. 힘들게 도착한 곳에는 평소 존경하던 김미경 선생님과 혜민 스님, 이광희 선생님이 있었다. 이미 건물 3층에서는 강연회가 한창이었다. 무언가에 이끌리듯 난 무거운 몸을 이끌고 앉을 자리가 있는지 찾아보았다.

그곳에 모인 이들 대다수가 여성이었다. 김미경 선생님이 혜민 스님에게 먼저 질문했다. "눈치 보는 것과 배려하는 것에 대한 차이는 무엇이라고 생각하시나요?" 혜민 스님의 대답이 이어졌다. "삶이 불행하게 느껴진다면, 내가 선택했다는 느낌보다는 남들의 기대에 부응하기 위해 사는 건 아닌지 스스로 질문해야 합니다. 그것이 깨져야 자신의 분야로 나아가게 됩니다. 안타깝게도 우리는 항상 눈치를 보면서 살기 때문에 나이가 들어서야 그 사실을 늦게 깨닫게 됩니다."

그러므로 남이 나에 대해 어떻게 생각하는지 생각하지 말고 남에게 신경 쓸 에너지를 나에게 써야 한다고 김미경 선생님이 말씀하셨다. 내가 그곳에 그 말을 듣기 위해 찾아갔다는 생각이 들었다. 내가 뭘 하고 싶은지 알기 위해서는 머리보다 몸의 소리를 들어야 한다. 머리를 믿는 게 아니라 몸의 직관을 따라가면 쉽게 답을 찾아갈 수 있다. 내가 무엇을 원하는지, 나다움이 무엇인지 알기 위해서는 몸이 하는 소리에 귀를 기울여 보기로 했다.

I BELIEVE IN YOU

BELIEVE IN YOURSELF

BE POSITIVE

은행 지점장에서 닭꼬치가게 사장이 된 '김재만'

김재만은 땡초닭꼬치 사장이다. 그는 27세의 나이에 한 지역 은행에 입행한 후 승승장구해 지점장까지 올랐다. 하지만 IMF 외환위기로 지점이 부도를 맞았고 그는 바로 권고사직을 당했다. 은행이 어려울 때 은행을 꼭 살리겠다는 생각에 대출까지 받아 돈을 집어넣었던 터라 퇴직금은커녕 2억 원 빚만 남았다. 이를 악물고 밖으로 나와 택시기사, 다단계, 보험설계 업무까지 닥치는 대로 했다. 그렇게 모은 돈으로 지금의 닭꼬치 집을 차렸다. 그의 나이 56세 때다.

'초심을 잃지 말자'고 다짐하는 그의 낡은 앞치마에는 '청주에서 가장 깨끗한 가게를, 가장 맛있는 닭꼬치 가게를 만들겠다'는 꿈이 오롯이 담겨 있다.

"처음 닭꼬치 장사할 때는 체면 생각에 말도 한마디 못 하겠다는 생각이 저를 나락으로 끌고 들어갔습니다. 그런데 어차피 해야 할 일이라면 피하지 말고 과감하게 인정하고 즐겨야죠. 나이, 성별 상관없습니다. 절망의 끝에 서 있는 분들 딴생각하지 마시고 포기하지 마세요. 포기하지 않으면 반드시 화려한 연장전이 펼쳐질 것입니다."

– 참고자료 : 『매경이코노미』 2013.12.25–31.

05

당신의 잠재력은 무엇인가?

"전능 하사 만물을 주관하시는 주님, 저를 인도해주십시오. 제가 진정으로 바라는 것이 무엇인지 알아낼 수 있는 지혜를 허락해주십시오. 이 지혜가 저에게 명하는 것을 실천할 수 있도록 저의 결심을 더욱 강하게 만들어주십시오. 저를 향한 당신의 끝없는 사랑에 대한 보답으로, 제가 다른 사람들을 위해 진심 어린 기도를 할 수 있도록 허락해주십시오."

– 벤자민 프랭클린

나의 잠재력은 무엇인가?

당신은 지금 무엇을 갖고 있나요? 많은 이들이 비슷한 생각을 하고 있다는 것을 발견했다. 우리는 보통 지금보다 더 많은 자원을 가지면 성공하리라 생각한다. 회사에서 큰 영향력을 발휘하기 위해 더 높은 직책과 더 넓은 사무실을 꿈꾸며 프로젝트를 성공적으로 끝내기 위해 더 많은 인원을 투입하려고 한다. 놀라운 사실 한 가지는, 보통 많이 가지고 있을수록 심리적으로 안정되고 많은 일을 해낼 수 있을 거라고 믿지만 오히려 돈, 기술, 지식 등 새로운 자원을 갖기 위해 몰두한 이들이 실패하거나 불행하다고 느끼는 경우가 많다는 점이다. 성공적으로 목표를 이뤄서 행복을 누리는 이들은 따로 있었다.

어떤 일을 시작할 때, 모든 상황과 여건이 완벽하게 갖춰지는 경우는 거의 없다. 제약과 한계를 감수하고 그 일에 착수해야 하는 때가 대부분이다. 직업에 특성상 많은 프로젝트를 시작부터 마무리까지 진행하는 경우가 많다. 처음에 프로젝트를 제안하고 설계하는 시작단계부터 본격적으로 db 모델링을 설계하는 과정을 거쳐 프로그램을 기능을 추가하고 만들어간다. 유기적으로 서비스를 구현하고 마지막에 단위테스트와 통합테스트를 거치고 산출물을 만드는 일련의 과정을 거친다. 성공적으로 프로젝트를 끝내는 여러 가지 요인이 있지만 부족하고 열악한 여건 속에서도 프로젝트를 구성하는 사람들이 소통이 잘되고 각자 맡은 기능과 역할을 잘 수행할 때 성공적인 프로젝트가 완성된다. 문제가 있거나 일정 관리가 잘 안된 프로젝트는 마지막 단계에 더 많은 인력을 투입하게 되고 비용과 기간을 더 투입하지만 많은 문제가 발생한다.

미국의 과학자이며 정치가인 벤자민 프랭클린은 50년 동안 매일 같은 기도를 했다고 한다. 한 사람이 평생 아침에 일어나서 같은 기도를 하며 살았다는 사실이 흥미롭다. 도대체 그는 무엇을 바랐던 것일까? 매일 이루고자 하는 기도로 하루를 시작한다는 것은 아주 중요한 일이다. 매일 바쁘게 하루하루가 흘러가지만 긴 세월이 흐른 후에 되돌아보면 우리는 아무것도 이룬 것이 없이 나이만 먹었다는 사실을 알게 된다. 주변에 자신이 하는 일에 열정을 가지고 사는 사람을 알고 있다. 그 사람 역시 아침 기도를 통해 자신이 해야 할 일을 상상하고 감사일기로 하루를 시작한다. 감사일기는 사고방식을 확장시켜준다. 가진 것에 감사함 마음을 품으면 부족하기는 해도 정말 원하거나 필요하지 않은 유혹에 거절하기가 쉬우며 삶의 만족도와 행복도가 높아진다. 이러한 만족감은 현재 상황을 잘 헤쳐 나갈 수 있는 자신감과 연결된다.

자원이 많으면 더 좋은 결과를 낼 것 같지만 연구결과에 따르면 가진 것이 적거나 자원을 더 제한시켜 제약을 만들 때 일과 생활에 대한 새로운 전망이 생기면서 문제를 해결할 수 있는 창의적인 아이디어가 나왔다. 의도적으로 더 많은 자원을 제한시켜보자. 일과 생활에 대한 새로운 전망이 생기면서 문제를 해결할 수 있는 창의적인 아이디어가 나온다. 예산을 줄이거나 마감일을 앞당기거나 적은 돈으로 친구들과 논다거나 제한된 환경으로 인해 선택의 폭이 좁아졌지만 가진 것을 이용해서 할 수 있는 일이 무궁무진하다는 것을 깨닫게 될 것이다.

잠재력이란 아무런 수고도 없이 주어진다. 눈에 보이지 않고 그렇다고 해서 그 존재를 의심할 수도 없는 그 무엇이다. 시선을 안으로 돌려 순간 순간 마음의 움직임을 살펴보면 마음이 사물을 미처 알기도 전에 움직인 다는 사실을 알게 된다. 우리의 행동이 심사숙고의 결과라고 생각하지만 사실은 그렇지 않다. 결정에 이르는 과정은 의식 자체의 고유 기능이다. 마음은 수백만 가지 자료와 그들 사이의 상관관계를 꿰뚫어보고, 엄청나 게 빠른 속도로 지각할 수 있는 이해의 정도를 넘어서서 선택을 감행하 는 것이다. 인간은 자신이 조절할 힘 덕분에 살아간다고 생각하지만, 사 실은 우리가 통제할 수 없는 잠재력의 지배를 받고 있는 것이다.

다양한 경험을 통해 잠재력을 발견하라

자신의 잠재력은 자신이 판단하는 것이 옳다. 그러나 이때 자기를 바 라보는 인식능력의 부족이 걸림돌로 작용하는데 그것은 우리가 받아온 교육이나 경험의 폭이 너무 좁은 탓이다. 스스로 재능을 발견하기 위해 서는 다양한 체험을 하고 그 결과 자신이 능력을 발휘할 수 있는 분야를 알아채는 과정이 필요한데, 현대사회의 복잡하고 분업화된 시스템 속에 서 다양한 체험을 하는 것은 쉬운 일이 아니다. 우리의 일상은 주어진 회 사 일을 해결하기에도 벅차기 때문이다. 모든 일을 체험하기란 현실적으 로 불가능하다. 이때 중요한 것이 바로 간접체험이다. 광범위한 독서를 통해 다양한 분야를 간접적으로 체험해볼 수 있고, 문화예술을 접함으로

써 자신의 영감을 테스트해볼 수도 있으며, 새로운 곳에 여행을 다니고 봉사활동에 참여해서 다양한 사람들과 어울리거나 가르치는 재능이 있는지 가늠해볼 수도 있다.

자신의 잠재력을 발견하기 위해 가장 필요한 준비는 호기심이다. 처음 가본 곳에서 만나는 낯선 환경, 어디를 가야 할지 모르는 당황스러운 상황, 다른 문화와 충돌하고 극복해나가는 경험만이 나에게 새로운 자극을 선물한다. 이렇듯 우리는 호기심을 바탕으로 한 새로운 경험을 통해 체험의 범위를 넓히고, 그렇게 넓어진 체험의 범주 안에서 내 안에 잠재해 있던 영감과 열의와 재능을 발견하게 된다. 우선 나에게 많은 것을 마주하고 대면할 기회를 주어야 한다. 그 과정에서 우연히 영감의 실마리를 발견하면, 그것이 바로 나의 잠재력을 찾는 순간이다.

이런 노력은 평생 전개되어야 한다. 설령 나의 재능을 발휘할 기회가 너무 늦었더라도 돌아갈 길을 찾을 것이 아니라 현재 내가 일하는 분야에 접목할 수 있도록 응용력을 발휘해 지금 나의 길에서 부족한 것을 보충해야 한다. 그것이 바로 융합이다. 또 그렇게 발견된 잠재력이나 재능이 잘 발전되어 인생을 걸을 만하다고 느껴진다면, 비록 늦었더라도 과감하게 방향을 틀어 도전해볼 수 있는 용기가 필요하다. 인생은 바로 자기 자신에 대한 도전이고 혁명이다.

　무조건 도전하라. 그리고 훈련하라. 그럼 무엇이든지 할 수 있다. 이 말은 조금 무식해 보이지만, 실로 이것이 프로가 되는 첫 번째 방법이다. 이처럼 자신감을 느끼는 데 필요한 첫 번째 단계는 무조건 하는 것이고, 그다음엔 여러 번 거듭해 훈련하면 된다. 자신감을 쌓는 데는 시간이 필요하다. 내가 무엇을 못하는지도 모르는 단계에서 내가 무엇을 못하는지 스스로 알게 되고 그 사실을 깨닫는 순간 성장하게 된다. 그리고 자신감이 붙게 된다. 이 단계를 뛰어넘는 것이 무의식적으로 자신감을 가지고 스스로 인식하지 않는 프로의 단계이다. 이건 마치 익숙하지 않은 운전을 연습할 때 처음에는 시야도 안 보이고 너무 무섭다가 어느 순간 운전이 익숙해지면 자연스럽게 끼어들기도 하고 운전 도중 대화를 나누면서 무의식적으로 운전을 하게 되는 순간과 비슷하다. 이렇듯 우리는 무의식적인 잠재력 훈련을 통해 프로가 된다. 나의 잠재력은 무엇인가? 이것은 우리가 앞으로 살면서 끊임없이 질문해야 할 숙제이며 행복으로 찾아갈 수 있는 의식의 통로이다.

06

그동안 당신은 무엇을 배웠나?

"학이불사즉망 사이불학즉태(學而不思則罔 思而不學則殆), 배우기만 하고 생각하지 않
으면 어리석어지고, 생각하기만 하고 배우지 않으면 위태로워진다."

— 『논어』, 「위정」편

나는 무엇을 할 줄 아는가?

공자의 학적 지식 획득 방법론, 즉 인식론에서 가장 중요한 '기본 명제'
는 누가 보아도 『논어』, 「위정」편의 명제일 것이다. 배우기만 하고 생각하
지 않으면 경험적 지식만 쌓으면 이론적 지식을 얻을 수 없어 공허하고,
생각하기만 하고 배우지 않으면 독단과 오류에 빠질 위험 때문에 위태롭
다는 말이다. 아무리 배워도 생각하지 않고 이치를 고민하지 않으면 아
무런 소용이 없다는 의미다.

우리는 얼마나 똑똑한 사람인지에 관한 기준으로 학벌을 든다. 특히

한국인은 학벌에 대단히 민감하다. 학벌은 학교 성적과 직접 연결되어 있다. 중·고등학교 때 우리는 부모님으로부터 공부하라는 말을 귀가 따가울 정도로 자주 듣는다. 부모님은 공부를 잘하고 좋은 학교에 들어가면 그렇지 않은 경우보다 행복하거나 편안한 삶을 살 수 있을 거라고 생각해서 자식을 위해 잔소리를 하시는 것일 것이다. 하지만 좋은 대학을 나와 좋은 직장에 스펙을 갖추게 되는 사람의 삶이 지금 시대에 행복을 의미하는 것일까?

나는 크게 2가지 명제를 가지고 이야기해보고자 한다.

우선 앞에서 언급한 질문에 대한 결론부터 내고 이야기를 풀어나가고자 한다. 첫째, 우리나라에서 좋은 스펙을 가지고 있는 사람이 더 많은 기회와 안정된 삶을 가질 확률이 높다. 둘째, 더 많은 기회와 안정된 삶이 주어져도 학교에서 배우는 교육과 재능을 발견하는 것에는 한계가 있다.

우리나라에서는 40년 이상 살아본 결과 학벌에 대한 사회적인 한계는 분명히 존재한다. 예를 들어 회사에 들어가서 월급을 받으면서 생활하면 고등학교 졸업한 사람과 전문대 졸업한 사람과 4년제 졸업한 사람에 대한 월급이나 연봉에 대한 차이가 분명히 존재한다. 내 주변에는 분명히 똑똑한 사람인데 가정 형편상 대학교를 졸업하지 못해 4년제를 졸업한 사람보다 받는 월급이 현저하게 적은 사람들이 존재한다. 그런 의미에서 부모님에 공부하라는 말은 자식을 위한 애정 어린 말이다. 나 또한 인생에 대한 선배이자 한국사회를 먼저 경험해본 어른으로서 당부하고 싶은 조언이다.

두 번째로 이야기 하고 싶은 점은 성공한 사람 중에 꼭 좋은 대학을 나와야 한다는 것이 아니라는 사실이다. 내가 이전 직장의 회장님을 예로 들어보자면 그는 70세도 안 되신 나이에 큰 성공을 이루셨다. 젊은 시절 운동을 하다가 원치 않는 부상으로 운동을 그만두고 교육사업에 맨몸으로 뛰어들었는데 지금은 직원이 4,000명이 넘는 큰 기업의 회장으로 큰 부를 이루었다. 여기에서는 그가 이룬 큰 부에 대해 말하고자 하는 것이 아니다. 그가 지금도 꾸준히 배우기를 소홀히 하지 않게 생각한다는 점을 이야기하고 싶은 것이다. 회장님이 반복해서 하시는 말씀 중 이런 말이 있다. "100권의 책은 10억의 가치가 있다." 그 말은 정말이지 충격적이었다. 쉽게 다시 이야기해보자면 우리에게 누군가 제안을 할 것이다. 책 100권을 가질 것인가? 10억을 가질 것인가? 나는 1초에 망설임도 없이 10억을 선택할 것이다.

그의 말에 따르면 책 1권이 1,000만 원에 가치가 있다는 단순 계산이 나온다. 그렇다면 우리는 지금 당장 하는 일을 멈추고 도서관이나 서점에 가서 책을 읽기 시작해야 한다. 1년 동안 열심히 내 인생을 투자해도 1억을 벌기 힘든 세상에서 책을 10권 읽으면 1억에 가치가 생긴다는 말이기 때문이다. 책 10권을 읽는 데 1개월도 걸리지 않는다. 그러면 우리가 한 달에 10권씩 읽어서 1년 12개월 동안 120권을 읽게 되면 12억의 지적 가치를 창출할 수 있다는 이야기가 되는 것이다. 하지만 나는 이쯤에서 상상하기를 멈추고 다시 생각해보기로 한다. 내가 살아오면서 몇 권의 책을 읽었을까? 만화책과 소설책을 제외하더라도 교과서 포함 100권의 책을 읽었을 것이다. 그럼 내 지적가치는 10억 정도 되는 것일까? 참 우둔한 질문인 동시에 쉽게 넘기기엔 물음표가 남는다.

나의 삶에 주어진 사명 찾기

생각에 관점을 조금 비틀어서 내가 책을 2권 읽었다고 생각해보자. 그 책에 장르는 전문서적일 수도 있을 것이고 자기계발서나 경제서적일 수도 있을 것이다. 이런 다양한 책 중에 구체적으로 예를 들어보고자 한다. 『시골 의사 박경철의 자기 혁명』이나 『상실의 시대』라는 책이 있다. 전자는 시골 의사 박경철이 쓴 자기계발서이며 후자는 무라카미 하루키가 쓴 테마소설이다. 어떤 책이 더 가치가 있을까? 어떤 책이 내 인생에 더 도움이 됐을까? 아니 1권에 책에 얼마의 가치를 매길 수가 있을까? 내가 생각하는 책에 의미는 그 가치를 돈으로 따질 수 없다고 생각한다. 좋은 책은 친구와 같다. 나는 2권 다 다독했다. 여러 번 읽은 이유는 1번 읽고 무슨 내용이 인지 이해를 못 해서였고, 2-3번 읽은 이유는 내가 이해하고 느끼는 생각과 감정의 폭에 따라 책이 주는 감동이 달라졌기 때문이다. 어떤 이에게는 책 1권이 꺼져가는 인생을 다시 일으켜 세울 수 있는 희망이 될 수 있고, 어떤 이에게는 그냥 쓸데없이 공간을 채우는 짐이 될 수도 있다.

우리가 흔히 쓰는 한자어 '학습' 또는 배움은 본능적인 변화인 성숙과는 달리, 직간접적 경험이나 훈련 때문에 지속해서 지각하고, 인지하며, 변화시키는 행동 변화이다. 우리는 보통 대학교를 졸업하고 누군가로부터 배우는 공부는 끝을 마치게 된다고 생각한다. 개인적으로 영어공부를 위해 어학원이나 시험에 합격하기 위해 스스로 공부하는 때도 있지만 이러한 공부 역시 언어능력, 기억능력, 분석능력, 수리능력에 머무르는 경우가 대부분이다. 하지만 우리가 인생을 살아가는 데 언어능력, 공간 능력, 직관력, 감성(공감) 능력, 실용능력, 대인관계 능력, 예술적 능력 등 다양한 재능에 따라 삶에서 차지하는 포지션이 달라진다는 것을 알게 된다.

이쯤에서 질문을 다시 해보고자 한다. '그동안 나는 무엇을 배웠는가? 나의 재능은 무엇일까?' 삶에는 수많은 문제가 있다. 우리는 모든 문제를 잘 풀기 위해 노력하지만 엉뚱하게도 삶이 우리에게 원하는 것은 주어진 문제를 모두 잘 해결하는 것이 아니라 남들과 다른 자신에 재능을 파악하여 1가지 문제를 매일 조금씩 완벽하게 풀어나가는 것이다. 내 인생에 나에게 주어진 사명이나 주제를 파악하고 진정한 내가 되고자 하는 욕망에 충실하자. 영리하지 못한 사람은 다른 사람이 다 깨달은 후에야 비로소 그 뜻을 이해한다. 그러나 그보다 더 불쌍한 사람은 알고도 행하지 못하는 사람들이다. 사람은 변화를 바라면서도 두려워한다. 변화하지 않아도 될 이유를 찾으며 위안을 받는다. 변화를 기회로 만들어 가는 사람들은 언제나 성공한다. 내가 배운 것이 무언인지, 앞으로 끊임없이 배워야 할 것은 무엇인지, 변화와 혼란 속에서 형태를 잡아가며 성장하고 미래를 만들어보자.

07

노력보다 재능의 파악이 먼저다

"재능은 타고난다. 하지만 평생 자신의 재능을 모르고 사는 사람들이 대부분이다. 그것은 지금 당장 도전해보면 알 수 있다."

– 노자

나의 재능은 무엇인가?

"당신이 잘할 수 있는 것은 무엇입니까?" 참 대답하기 곤란하고 난감한 질문이다. 그 이유는 나 역시 아직 이에 대한 답을 모르기 때문이다. 안타까운 일이다. 열심히 할 준비가 되어 있다 하더라도 무엇을 위해 노력할지를 모른다면 준비된 열정과 에너지가 방향을 잃기 때문이다. 노력과 재능의 문제에서 핵심은 스스로 재능을 파악하는 것이 우직한 노력보다 우선이라는 것이다. 재능은 복잡한 문제다. 자신이 어떤 재능을 가졌는지 알기란 쉽지 않다. 심지어 평생토록 자신이 어떤 분야에 재능이 있는지 모르고 사는 사람도 많다. 실제로 우리는 매우 다른 원리에 의해 살고 있는데도 우리가 사는 삶은 논리적이어야 한다는 믿음을 가지고 살아 가고 있다. 하지만 삶은 우스꽝스럽게도 우리 자신의 접근 방법과 삶에 대한 기본적인 태도와 연결된다. 그 원리들이 명백하게 규정하고 의식적 으로 실행한다면 훨씬 좋겠지만, 실상은 혼란스럽고 이정표가 없는 누구 나 처음 가는 길을 가고 있다는 것을 인정하는 것부터 시작된다.

자신의 재능을 어린 나이에 발견하고 오랜 시간 노력을 더해 다른 사 람이 따라오지 못할 만큼 탁월한 능력을 갖추게 된 사람 중 김연아 선수 가 떠오른다. 김연아는 그동안 대회를 자주 경험하면서 느낀 점은 연습 한 만큼 실전에 나오는 확률이 높다는 것이라며 "이번에도 연습에서 거 의 실수를 하지 않아 실전에서 흔들리지 않고 차분하게 할 수 있었다."라 고 말했다. 그러면서 그녀는 "주변에서는 저보고 '강심장'이라고 하지만 사실 저도 컨디션이 안 좋거나 준비가 덜 됐다 싶으면 걱정을 많이 하는 편이다."라며 "그렇게 불안하고 긴장할 때는 시합 때 그것이 고스란히 나 온다."라고 했다. 그 예로 2007 · 2008년 세계선수권대회를 들었다. 당 시 김연아는 대회 직전 부상을 당해 훈련을 제대로 소화하지 못하고 무 대에 올랐다. 결과는 두 대회 연속 3위였다.

그녀는 "매일매일 얼음 위에 서는 게 사실 너무 힘들긴 하지만 그래도 연습 때마다 최선을 다하려고 노력한다."라면서 "반대로 실전에서 이건 연습이라고 생각하려 애쓴다."라고 덧붙였다. 김연아는 연습한 만큼 결과가 따라온다고 강조했으나 그것만으로 지금의 성취를 온전히 설명하긴 어렵다. 김연아보다 더 열심히 혹독하게 훈련하는 선수 중에서도 아직 빛을 보지 못하는 이들이 많기 때문이다. 그녀는 어느 정도 타고난 것은 사실인 것 같다면서 "솔직히 주변에도 저보다 노력하는 선수들이 많다. 그런 선수들을 보면 타고난 것 같긴 하다."라며 웃었다. 하지만 반대로 재능이 무척 많은데 그걸 모르고 노력을 안 하는 선수들도 많다면서 "그러면 아무도 그 선수가 재능이 있는지를 모르는 경우가 많다. 타고난 것도 노력이 뒷받침되지 않으면 아무 의미가 없는 것 같다."라고 현명한 대답을 내놓았다.

나는 재능이 뛰어난데 노력까지 해서 멋지게 성공한 사람들에게 이야기하고 싶은 것이 아니다. 자기계발서에 흔히 있는 것처럼 나 자신도 잘 못하면서 다른 사람들에게 어떻게 하면 인생이 달라질 것이라는 조언을 하고 싶지도 않다. 다만 평범한 사람과 비범한 사람을 생각해보았을 때 평범한 우리가 비범한 사람과 다른 게 무엇인지, 잠깐만이라도 고민해보자는 것이다. 나 역시 하루 24시간을 살아가는 사람이다. 다른 점이 있다면 인생에 대한 태도이다. 그래서 내 안에 잠들어 있는 나의 재능을 남과 비교하지 않고 남이 아닌 내가 되고자 결심하고 내 안의 나를 발견하는 노력을 해보자는 이야기를 하고 싶은 것이다.

재능의 파악이 중요하다

학교에 다니면서 지능에 기초가 되는 공부를 하게 된다. 언어 지능, 분석 지능, 수리 지능이다. 그러므로 외우기를 잘하고 무언가를 분석하고 숫자 계산에 뛰어난 사람들이 좋은 성적을 얻게 된다. 좋은 학교에 들어가 뛰어난 사람으로 인정받는다. 그러나 공부를 잘하고 뛰어난 사람들은 결국 좋은 회사에 들어가거나 전문 지식인으로 성장한다. 인간에게 재능은 시험을 잘 보게 하는 3가지 지능으로 결정될까? 우리가 흔히 성공하여 이름을 알고 있는 멋진 사람들은 보통 학교생활에 잘 적응을 못 했지만 남들과 다른 특성을 발견하여 발전시키거나 주어진 재능과 능력을 빠르게 인식하여 그것으로 성공을 이룬 사람들이다. 그래서 학교에 다니면서 시험을 잘 보기 위한 능력 외에 창의적이거나 남들과 다른 능력이 어떤 것이 있는지 말해보고자 한다.

어떤 사람은 다른 사람보다 언어를 빨리 배운다. 2가지 언어를 구사하는 것도 어려운 일인데 여러 가지 언어를 구사하기도 하고 한 언어라고 하여도 그 표현이 깊고 넓다. 말뿐만 아니라 글도 마찬가지이다. 외국어

구사 능력가 문필력이나 언어에 대해 매우 훌륭한 능력을 갖추고 있는 사람들이 있다. 나는 한국어를 말하고 쓸 줄 안다. 그러나 말이 너무 빨라 내가 생각하는 것을 상대방에게 전달하는 데는 어려움이 있다. 영어를 못한다. 영어공부를 한 시간을 문법부터 해서 학교생활만 단순비교해도 6년이 넘을 텐데 외국인을 보면 회화에 자신감이 없어 자연스럽게 외면한다.

최근에는 감성 능력이 매우 중요시되고 있다. 실제로 자기 존중, 자제력, 일관성, 지구력, 열정 그리고 동기 부여 능력 등은 다른 어느 재능보다 성공에 중요하다. 아리스토텔레스는 분노에 관해서 이렇게 말했다 "사람은 누구나 화를 낼 수 있다. 그것은 쉬운 것이다. 그러나 당사자를 가려 화를 내는 것, 알맞게 화를 내는 것, 적재적소에 화를 내는 것 필요한 만큼 알맞게 화를 내는 것은 절대 쉬운 것이 아니다." 감성 능력이 높은 사람들은 이런 일을 아주 자연스럽게 잘해낸다. 그리고 언제나 자신을 존중하고 격려하며 자기와의 약속을 지키려고 애쓴다. 만일 당신이 이런 일들에 관심이 있고 잘해나간다면 매우 멋지고 좋은 사람일 것이다. 당신의 감성 재능이 높다는 것을 의미한다.

공간지각능력은 사물이나 업무에서 어떤 패턴을 발견하고 이해하는 능력을 의미한다. 예술가, 창업가, 시스템 엔지니어들은 이 재능에 뛰어나다. IT 업계에서 일하다 보면 가끔 이런 능력이 놀랍게 뛰어난 사람들은 보게 된다. 마치 기계어를 자연스럽게 이해하고 전문적인 영역이나 자신만의 독특한 영역을 발견하고 다른 사람과 비교도 안 되게 뛰어난 능력을 발휘한다. 그런데 한쪽에 치우치다 보면 놓치기 쉬운 오류에 빠지게 된다. 자신이 너무도 쉽게 할 수 있는 특정 영역에서 패턴을 발견하고 뛰어난 능력을 남들은 왜 이해하지 못하느냐는 우를 범하기도 한다. 이런 사람들은 특징은 능력은 뛰어나지만 의사소통이나 커뮤니케이션에서 자기 생각이 너무 강해 다른 사람과 차이를 쉽게 좁히지 못한다는 것이다. 그런데도 자신만의 영역에서 뛰어난 성과를 발휘하기 때문에 유일무이한 포지션을 구축하게 된다.

불분명한 상황에서 판단을 정확하게 감지하는 능력을 직관력이라 한다. 보통 분석 지능과 상반되기 때문에 의사 전달 과정에서 문제를 일으키기도 한다. 종종 논리적 근거가 빈약하고 논쟁에서 정확하게 설득시키지 못해 다수에게 동의를 못 받기도 한다. 무언가 정확하게 설명하고 설득시킬 수는 없지만 감을 통해 핵심을 잡아내는 능력을 갖추고 있는 직관력은 시간이 흘러 결과를 보게 되면 놀랍게도 그가 옳은 경우가 많다.

마지막으로 대인관계 능력에 대해 말해보고자 한다. 조직 사회에서 성공에 가장 큰 영향을 미치는 능력 중 하나이다. 보통 다른 사람과 함께 일을 처리할 때 발휘되는 능력으로 지도력의 필수 조건이기도 하다. 이 능력이 뛰어난 사람은 다른 사람들이 자신과 함께 일하는 것을 좋아하도록 만든다. 이렇게 학교에서 배우지는 못했지만 살아가면서 성공에 필요한 다양한 능력에 대해 자신이 가지고 있는 잠재력을 발견하여 열정과 노력을 기울인다면 자신의 인생을 완성해가는 데 큰 힘이 될 것이다.

08

아이디어와 실행력을 가져라

아이디어는 당신에게 주어지는 게 아니다. 당신이 직접 선택하는 것이다. 자신의 내면을 깊게 파고들어가 아직 하지 못한, 차마 하지 못한, 전혀 다른 이야기를 찾아내라. 그러면 당신은 게임의 판도를 바꿔놓을 수 있다.

— 팀 페리스

아이디어란 무엇인가?

아이디어는 왜 필요한가? 아이디어가 없으면 타인의 아이디어가 내 아이디어가 되기 때문이다. 타인의 생각이 내 생각이 되기 때문이다. 아이디어란 세상에서 다른 사람과 당신을 구분하는 당신의 차별성이자 이름이다. 우리는 아침 8시가 되면 지하철 안에서 쏟아지는 수많은 사람을 따라 회사로 출근한다. 각자의 회사를 향해 습관적으로 움직이고 주어진 일들을 분주하게 처리한다. 내 아이디어가 없으면 그 수많은 사람 중 한 명이 되고 만다. 보통 사람들은 다 그렇게 살기 때문에 문제가 될 것은 없다.

하지만 당신이 원하는 변화는 기대하지 말아야 한다. 하고 싶지 않은 일을 할 때도 아이디어가 필요하고 하고 싶은 일을 할 때도 아이디어가 필요하다. 하고 싶지 않은 일을 할 때 아이디어가 필요한 이유는 그 상황에서 빨리 벗어나고 싶기 때문일 것이고, 하고 싶은 일을 할 아이디어가 필요한 것은 그 일을 지속하고 더 잘하고 싶기 때문일 것이다.

IT 전문가, 청소 전문가, 스킨스쿠버 전문가, 의료사고 전문 변호사, 두피관리 전문가, 동기부여가, 심리상담 전문가 등 전문가의 종류는 이루 말할 수 없을 정도로 많다. 아무리 그것이 생소한 업종이라고 해도 틀림없이 사회적 방향성을 지닌 강력한 영향력과 특정 분야에 강점을 지니고 있다. '전문가'라는 말은 무슨 일에 굉장히 정통하여 올바른 판단을 내릴 수 있는, 필요한 기술을 갖췄다고 사회에서 여기는 사람을 가리키는 말이다. 이 복잡한 세상에서 모든 것을 다 잘할 수 없기에 한 분야에서 탁월하게 유능한 능력을 지닌 사람들을 일컬을 때 쓰는 말이다. 즉 전문가란, 다른 것은 못하지만 한 분야에서는 신뢰하고 믿을 수 있는 기술이나 재능을 보유한 사람이라고 말할 수 있다.

나는 청소를 잘하지 못한다. 게으른 특성 탓도 있겠지만 지저분한 가운데서 정돈된 안정을 느끼기 때문이다. 하지만 이런 나도 가끔은 방이 너무 지저분하다고 생각되거나 호흡이 곤란해지면 청소를 직접 한다. 하지만 청소는 재미가 없다. 1시간 정도 시간을 투자해도 별로 진척이 없을 뿐 아니라 며칠이 지나면 청소를 했다는 사실이 무색해질 만큼 다시 금방 지저분해진다. 나는 청소를 잘못할 뿐 아니라 정리된 상태를 잘 유지하지도 못한다.

그래서 지난 주말에 도저히 이렇게는 안 되겠다는 생각에 주말에 청소용역 전문업체에 청소를 의뢰했다. 우선 이런 전문업체를 이용해본 경험이 없었다. 전화로 가격을 알아보니 4시간 청소하시는 2명이 오면 20만 원 정도 비용이 나온다고 하였다. 적지 않은 비용이었다.

일단 청소비용을 고려해봤을 때 적지 않은 비용이지만 단 기간 내에 청소해야 한다는 생각에 4시간에 청소하시는 분 1명만 오시는 것으로 가격흥정을 하여 주말에 청소를 4시간 10만 원에 예약하였다. 가정주부로 생활하시는 분은 이해하기 힘든 가격이라고 생각할 수 있지만 난 전문가의 도움이 필요한 상황으로 판단했다. 그런데 주말에 예약한 시간에 갑자기 문자가 왔다. 2시간 동안 2명이 분업해서 똑같은 비용을 받겠다는 것이었다. 내심 계획에 틀어지는 것을 좋아하지 않지만 그래도 청소를 급하게 해야겠다는 생각에 승낙했다. 아주머니와 나이 지긋하신 어르신이 오전 9시 정도에 오셔서 집안을 한번 둘러보시더니 욕실과 주방을 이렇게 청소할 것이고 창틀 부분도 이렇게 청소할 것이라고 설명을 하셨다.

청소나 살림은 정말 해도 티가 나지 않는다. 나는 웹프로그래머로서 10년 넘게 일을 해왔다. 가끔 나와 같은 업종에 일하면서 편집증적일 정도로 청소를 잘하는 사람들도 있다. 하지만 나는 지저분한 환경에도 쉽게 적응한다. 청소하기 귀찮은 사람의 합리화겠지만 결론적으로 청소업체 분들이 2시간 청소한 결과는 정말 놀라웠다. 전문가가 되기 위한 업종이 따로 있지 않다. 그 일이 무엇이든 그 일을 아주 완벽히 잘하면 전문가라 불릴 수 있다. 단순히 어떤 일을 오랫동안 했다고 해서 전문가가 되는 것은 아니다. 현업에서 주어진 일을 그저 지루한 일과로 여기며 관성적으로 처리해서는 수십 년이 지나도 전문가가 될 수 없다.

전문가는 늘 표면 뒤에 숨어 있는 것을 파악하고 해석할 수 있어야 한다. 시간을 가지고 사물이나 업종에 애정과 관심을 쏟지 않고는 이면에 숨은 신호와 속성을 파악하고 해석할 수 없다. 전문가는 열정으로 공부를 하거나 시간을 투자해 기술을 갈고닦는 노력을 해야 한다.

나만의 아이디어를 발견하자

아이디어 이야기를 하다가 왜 갑자기 전문가를 떠올리게 된 것일까? 내가 생각하는 아이디어란 어떤 문제를 해결하기 위해 아이디어를 만들 어내는 발산적인 우리의 뇌는 평소에 우리가 사용하는 정리 정돈, 매뉴 얼화, 보고 등에 사용되는 수렴적인 뇌와 다르다고 생각한다. 우리의 뇌 는 효율적으로 일을 처리하기 위해 습관처럼 반복적 사고를 하므로 쉽게 새로운 생각을 떠올리기 어렵다.

그래서 새로운 사고를 하기 위해서는 평소처럼 사고하는 것에서 탈피 하여 창조적인 심리로 전환하여 전혀 다른 환경에서 아이디어를 발산하 는 것이 필요하다. 이러한 과정에서 문제를 바라보고 애정과 관심을 가 지고 특정 주제에 대해 자유롭게 도전하는 의견이나 노력이 전문가에 그 것과 닮았다고 생각해서 전문가에 관한 이야기를 한 것이다.

관심과 욕망은 사람들에게 직업에 대해 한 방향으로 꾸준히 달리게 하 는 원동력이 되고 그 분야에서 전문가로 만들어준다. 전문성이 있어야 하는 기업으로부터의 수요는 어려운 시절에도 더욱 좋은 직장을 선택할 기회를 준다. 기업의 직원으로 머무는 대신, 자신의 전문성을 요구하는 잠재적 고객을 찾아내 스스로 사업을 시작하기도 한다. 직장보다는 고객을 먼저 생각하는 눈을 가지게 되면 그 일을 통해 성공할 확률은 더욱 높아진다. 자본주의가 아직 희망을 품고 있는 것은 바로 '하고 싶어서 하는 사람들'에게 점점 더 많은 기회가 돌아간다는 점에 있다. '자유 경제'라는 기본 규칙 안에서의 승리가 이 경쟁에 참여한 다른 사람의 불행과 탈락이 아니라 솔직한 욕망에 따른 끊임없는 자기계발이 가져다준 힘이 주도할 때, 자연도태와 적자생존이라는 기업 진화론에서부터 벗어날 수 있다. 하고 싶고 잘하는 일에 시간과 힘을 집중할수록 더욱 새롭고 창의적인 아이디어가 떠오르고 그것을 실행할 때 그 분야에 있어 전문가가 되는 것이다.

하고 싶은 일을 해결하고 싶은 욕망은 자연스럽게 창의적인 아이디어를 만들어낼 것이다. 깊은 내부로부터 흘러나와 감동과, 때론 생각지도 못한 놀라운 열정과 노력을 실행함으로써 자기완성을 위한 도전과 자신을 뛰어넘는 의지로 성숙하게 발전할 것이다. 우리는 늘 우리에게 닥친 작은 시련을 외면하거나 무시하지 말고 반드시 바로잡아야 한다. 문제를 해결하면서 작은 문제든 큰 문제든 신중하게 원인을 분석하고 하나하나 해결해가야만 기회라는 결과가 찾아온다.

이 과정에서 위기가 닥쳤을 때 그 순간 어려움을 뒤집고 창의적인 아이디어와 과감한 실행력으로 문제를 조금씩 개선해가면 주변 환경은 우호적으로 변하게 될 것이다. 새롭고 창의적인 아이디어란 새로운 길을 개척하고 그 길 위에서 자유롭게 자기 뜻을 펼치며 살아가는 것이다. 남이 가는 길을 따라가면 종속되지만, 나만의 아이디어를 가지고 선택하게 되면 당신의 선택은 당신을 다른 사람들과 구분되고 빛나는 인생으로 살 수 있게 도와줄 것이다.

대기업 S전자 워킹맘이자 수영선수인 '여금선'

여금선 씨는 대기업 S전자에서 22년째 일하고 있는 워킹맘이다. 초등학교 때 육상선수로 활동한 것을 제외하고는 운동과는 거리가 먼 삶을 살아왔다. 직장에 다니고 아이들 키우느라 운동과는 더더욱 멀어졌다. 그러나 30대 중반에 건강이 좋지 않아서 수영을 시작한 뒤 흠뻑 빠졌다. 그녀는 이제 아마추어 수영선수다. 출전하는 대회마다 입상해 메달 부자로 살고 있다.

광주세계수영선수권대회에서 박태환 같은 프로 선수들이 먼저 경기를 치르고 아마추어 경기가 따로 열렸다. 일반 마스터즈 대회의 경우 선수 등록한 기록이 있는 사람은 아마추어들과 같이 뛸 수 없지만 이 대회는 함께 뛸 수 있다.

여금선 씨는 이 대회에 도전하는 것이 목표이고, 쿠바해협을 횡단하는 대회도 버킷리스트 중 하나라고 말한다.

"딸과 함께 수영대회에 나가 입상도 하고 딸에게 편지도 받았는데 수영을 배우게 길을 열어줘서 고맙다네요. 엄마랑 친구처럼 지낼 수 있어 감사하다고 적었더라고요."

– 참고: "늦깎이로 승부수 던진 당찬 여성들", 『여성조선』, 2018.02.15.

3

일에서 자유로운 행복한 삶을 살아라

01

단순함이 답이다

복잡한 문제를 해결하는 방법

인생은 복잡하다. 무엇 하나 쉬운 것은 없고 여러 가지 문제가 얽히고 설켜 있다. 이런 복잡한 문제들을 해결하기 위해서는 큰 문제를 작게 쪼개고 나누어볼 필요가 있다. 이때 나누기 위해서는 기준이 필요하다. 우선 중요한 것과 덜 중요한 순서로 나누어야 한다. 그리고 나누어진 문제 중 우선순위가 높은 문제를 먼저 앞에 놓아야 한다. 이렇게 분류를 해놓고 우선순위가 높지만 당장 해결 가능한 문제와 그렇지 않은 문제로 다시 나누어야 한다.

우선순위가 높지 않아 중요한 문제가 뒤로 밀릴 수 있다. 이런 중요한 선택일수록 신중한 고민이 필요하다. 때론 꼭 해야 하는 일임에도 우선순위를 잘못 판단하여 일을 제때에 해결하지 못할 수도 있는데, 이렇게 나누어진 문제 중에 당장 해결 가능한 중요한 문제부터 하나씩 해결하다 보면 크고 복잡한 문제가 조금씩 풀리게 된다. 시간이 모자라 가끔 중요한데 해결되지 않은 문제도 자연스럽게 해결되는 경우도 생긴다.

이렇게 단순화시켜서 복잡한 문제를 풀어보는 훈련도 필요하지만 중요하지 않은 문제를 하나씩 제거하는 작업도 중요하다. 좋은 습관을 하나씩 만드는 것보다. 나쁜 습관을 하나씩 제거하는 일이 더욱 중요하다. 나쁜 습관을 하나씩 줄이게 되면 그로 인하여 낭비되던 시간에 남게 된다. 우리에게 시간은 정말 중요하다. 시간이 전부라고 해도 과언이 아니다. 나쁜 습관으로 소비되었던 시간을 생산적이고 좋은 습관으로 채우는 것이 가능해진다. 나 같은 경우는 올해부터 한 가지 나쁜 습관을 그만두기로 했다. 바로 오랫동안 해온 온라인게임을 그만하기로 한 것이다. 힘든 하루를 보내고 쌓인 스트레스를 푸는 데 온라인게임을 통한 즐거움과 휴식은 때론 유용하다. 하지만 나의 경우엔 그 수준을 한참 넘어선 중독 수준이었다. 매일 4시간 이상 무려 20년 이상 해오던 게임을 그만둔다는 게 쉽지 않을 것 같았는데 의외로 쉽게 그만두었다. 예전부터 그만두어야겠다는 생각은 했는데, 실제로 온라인게임을 하지 않더라도 내 삶에 만족도는 크게 달라지지 않았다.

  게임을 하던 시간을 나에게 유용한 것을 하기 위한 시간으로 바꾸어 보고 채워보려 노력했다. 헬스장에 가서 운동을 해보기도 하고 직무능력 향상을 위해 IT 전공 서적도 사서 읽어보았다. 하지만 재미가 없어 한동안 하다가 그만두었다. 이전에도 아침 일찍 일어나 어학원도 다녀보고 운동도 해보았지만 3개월이 한계였다. 일정 기간 노력하는 것은 가능했지만 흥미를 느끼지 못하거나 성과가 미비하면 지치고 그만두기 일쑤였다. 그런데 우연한 기회에 책을 써보는 건 어떨까 하는 생각이 들었다. 행동하는 데는 크게 망설임이 없는 성격이라 곧바로 행동에 옮겼다. 그 결과 이렇게 어설프고 부끄럽지만 내 생애 최초로 글을 쓰고 있다.

  나는 언제 행복한가? 무엇이 행복이라 생각하는가? 쓸 만한 돈이 있고, 가족들이 건강하고, 하는 일이 잘되면 행복할까? 쓸 만한 돈이란 얼마나 되어야 할까? 지금보다 분명히 많은 금액일 텐데 어떻게 그만큼을 벌 수 있겠는가? 가족들이 건강하기만 하면 될까? 또 내가 하는 일이란 무엇을 말하는 것인가? 하는 일이 잘 된다는 것은 직장에서의 인정과 승진을 말하는 것인가, 아니면 일에 대한 성취도인가? 아니면 그 모든 것인가? 이 모든 것을 가지려고 나는 무엇을 해야 하는가? 돈이 많이 있으면 좋겠지만, 그럴 가능성은 희박하며 직장에서 뛰어난 능력을 갖추면 좋겠지만 달력을 빽빽하게 일정으로 채우는 일은 내가 꿈꾸는 삶이 아니다. 내 맘대로 부유해질 수 없다면, 내 능력으로 직장에서 남들보다 뛰어날 수 없다면 '내가 하고 싶은 길'을 찾아가야 하는데, 문제는 그것이 무엇이며 내가 그 길을 제대로 가고 있는지 모른다는 점이다. 그나마 올해 40세가 되어서야 발견한 것이 나와의 대화를 나누기 위해서는 글을 읽고 생각하고 글을 쓰는 것이 중요하고 그러면서 내 생각과 방향성이 조금 명확해진다는 사실 정도이다. 난 글을 쓸 때 조금 행복하다. 내가 남들보다 잘하고 나만이 가지고 있는 재능은 무엇일까?

끊임없이 질문하라

나 자신에게 끊임없이 질문한다. 어릴 적에 가지고 있는 질문을 아직도 가지고 있다. 질문을 안고 평생을 살다 보면 언젠가 우리는 그 질문의 답 속에 사는 우리를 보게 될 것이라는 릴케의 말을 믿는다. 나이가 들수록 초조하리만큼 질문에 진지해진다. 내 평생의 질문에 답하기 위해 이번 달에는 기필코 다니는 익숙한 직장을 그만두느냐, 마느냐를 물어볼 때, 대부분의 사람은 하지 않는다는 쪽에 표를 던질 것이다. 누구에게나 불확실성과 실패의 가능성은 어둠 속에서 나는 무서운 소리와 같다. 따라서 나 역시 불확실성보다는 불행을 선택한다. 여러 해 동안 나는 목표도 세우고 방향을 바꾸려 결심도 해봤지만 아무런 결과를 얻을 수 없었다. 나 또한 이 세상 다른 사람들만큼이나 불안하고 겁이 난다.

두려움은 갖가지 모습으로 찾아온다. 대개 우리는 두려움을 두려움이란 말로 부르지 않는다. 그 단어 자체가 사실상 두려움을 일으키기 때문이다. 대부분의 사람은 두려움을 다른 말로 치장해 부른다. 바로 '낙관적인 부정'이란 말이다. 직장을 그만두지 못하고 직급이 올라갈수록 수입이 늘어나면서 우리의 앞날이 좋아지리라 생각을 한다. 직장이 말 그대로 생지옥이 아니라 단지 지루하거나 영감을 주지 못하는 정도일 때 이 생각은 가끔 타당해 보이는 매력적인 착각이다. 익숙함과 관성의 교묘한 합리화로 현실을 참게 만든다.

당신은 정말 현실이 나아질 것이라고 믿는가? 아니면 단지 바라는 바이며 행동하지 않는 것에 대한 변명인가? 나아질 것이라고 당신이 확신한다면 사실 그런 식으로 의심하고 있겠는가? 대개는 그렇지 않을 것이다. 이것이 바로 낙관주의로 가장한 미지에 대한 공포이다. 당신은 1년 전보다, 한 달 전보다, 일주일 전보다 더 잘살고 있는가? 그렇지 않다면 앞으로의 사정도 마찬가지로 나아지지는 않는다. 만약 자신을 속이는 것이라면 이제는 멈추고 도약을 계획해야 할 때다. 앞으로 얼마나 더 일해야 할까? 지금이 바로 낭비를 줄여야 할 순간이 아닐까?

그렇다고 무작정 직장을 뛰쳐나오라는 이야기가 결코 아니다. 어떠한 상황에 있던 자신에게 책임이 있다는 것을 인정하는 사람은 결코 경솔한 행동을 하지 않는다. 그들은 상황이 만들어놓은 불행한 희생자를 자처하지 않는다. 오히려 준비를 서두르는 사람들이다. 그리고 자신의 열정과 재능을 활용할 수 있는 수요를 찾아내는 일에 부지런하여 스스로 인생을 설계하는 것이다. 누구나 행복은 당연하고 자연스러운 것으로 생각한다. 그것은 건강과 같다. 건강하다는 것은 아무런 불편을 느끼지 않는 것이다. 건강한 사람은 숨 쉬는 것을 의식하지 못한다. 자연스럽게 숨을 쉰다. 그러나 일단 탈이 나면 손에 박힌 작은 가시 하나도 우리의 신경을 집중하게 만든다.

행복은 단순한 것이다. 그리고 일상 속에 있다. 일상에서 떠나본 사람만이 그 가치를 안다. 병원에 누워 있는 사람에게는 창밖의 모든 일상으로 돌아가는 것이 유일한 소망이다. 따뜻한 햇살 혹은 식당에서 나눈 술 한잔, 친구와의 대화, 어린아이의 철없는 웃음, 국밥 한 그릇 등 이런 것 속에 행복이 있다. 남들이 다 가지고 있는데 나만 가지지 못했다는 박탈

감을 느끼거나 남과 비교를 하며 다른 사람의 가치에 기준을 맞추고 남의 시선에 행복의 조건을 찾기 시작할 때 불행이 찾아온다. 단순하게 자신의 욕망에 솔직하고 자신의 눈으로 세상을 보는 사람은 세상이 부여하는 가치보다 자신의 욕망에 더 충실하다. 자신의 마음속에서 우러나오는 욕망의 목소리에 진솔하게 귀를 기울여야 한다. 행복은 나 자신의 욕망에 솔직하고 충실할 때 자연스럽게 충족된다.

02

효과적으로 일하라

"모든 획기적인 발전은 기존의 사고방식을 깨뜨리면서 생겨났다."

– 토머스 쿤

보편성과 싸우는 방법

운동하기 딱 좋은 계절이 돌아왔다. 금요일 저녁 퇴근하고 부지런히 저녁을 먹고 소화도 시킬 겸 산책로를 걸어본다. 많은 사람들이 금요일 저녁에 여유를 즐기고 있다. 이야기를 나누며 걷는 연인, 강아지를 데리고 나와 산책하는 사람들, 친구들끼리 무리 지어 걷는 중고생들, 남녀노소를 불문하고 집에만 있기에는 아까운 날씨이다. 나 역시 글쓰기를 멈추고 나와서 걸으면서 생각을 한다. 가끔 열심히 집에서 TV만 보고 책만 읽다가는 뚱뚱한 바보가 될 것 같다는 상상을 한다. 처음에는 다이어트를 하고자 하는 마음에 의욕이 앞선다. 뛰고 걷기를 반복하다가 30분 정도 시작한 지점으로부터 왔을 때 방향을 틀어 집으로 돌아가기로 한다. 예전에 의욕만 앞서 먼 거리를 갔다가 집에 오는 길이 너무 멀어서 엄청 고생을 한 기억이 있다. 그때 이후 적당한 시간과 거리에서 반환점 삼아 되돌아온다.

운동이든 직장생활이든 너무 열심히 앞만 보고 가다 보면 본인이 지치는지 모를 때가 있다. 직장생활에서는 사회 초년생 때 그러했다. 앞에 일 잘하는 선배들을 따라가기 바빴다. 이제는 어느덧 직장생활도 10년이 넘어 주변을 보면서 일을 한다. 시간이 지나고 경력이 쌓일수록 사는 게 쉬워질 줄 알았는데 회사에서는 쌓인 경력만큼 더 많은 것을 요구한다. 그래도 직장생활을 하며 붙은 일에 대한 근육과 요령으로 주어진 과제를 해결한다. 하지만 요즘 들어 자꾸 반복적으로 같은 높이의 벽을 못 넘고 넘어진다. 나름대로 열심히 살아왔지만, 사회가 원하는 정도의 능력을 쌓지 못한 이유도 있고 나이가 들수록 체력이나 학습력이 예전 같지 않은 이유도 있을 것이다. 머리는 약아져서 쉽게 포기하고 최대한 체력을 비축하기 위해 당분만 섭취하면서 힘든 일은 이내 하지 말라는 신호를 보낸다.

누군가 직장생활은 보이지 않는 전쟁터라고 말했다. 과거에는 사람들이 농사를 짓거나 사냥을 해서 먹고사는 문제를 해결했다. 농사를 짓는 것은 50-60세 정도가 넘어도 가능하다. 과거 수명은 60이 꽤 많은 나이여서 환갑잔치도 했다. 60까지 오래 살았다는 축하의 의미였다. 요즘은 의학의 발달로 수명은 늘어난 반면 기술과 사회 인프라가 발달해서 사람이 직접 농사를 짓거나 하지도 않고 어느 순간 노동시장은 외국인 근로자들이 차지하고 있다. 효율과 효과만 따지고 달리다 보니 양적으로는 성장했는데 질적으로는 삶의 수준이나 복지가 따라오지 못하고 있다. 어느새 자본주의 생리에 샌드위치처럼 이러지도 저러지도 못하는 상황에 놓이게 되었다.

GE(General Electric)의 잭 웰치는 1981년 45세의 나이로 최고경영자의 자리에 올랐다. 혁명을 원했던 그는 업계에서 1, 2위를 하지 못하는 사업부를 전부 매각해버렸고, 수많은 사람을 해고했다. 그는 자신의 혁명이 잘 진행되고 있는 줄 알았다. 그가 취임한 지 7년이 지나는 동안 GE의 혁명은 거의 모든 측면 지표에서 엄청난 진보를 이룩하였다. 예를 들어 생산성 증가율은 종전의 2배에 달하는 4-5%를 보였고, 사업 포트폴리오도 웰치가 보기에 매우 만족스러웠다. 대량해고의 아픔도 거의 사라졌고 직원의 저항도 별로 눈에 띄지 않았다.

그러나 그는 1998년 9월 어느 날, 혁명의 시작점이었던 크로톤빌 연수원을 나오며 무거운 마음을 가눌 길이 없었다. 혁명을 시작한 지 7년이나 지났지만, 교육에 참석한 중간관리자들을 통하여 실제로 GE가 과거와 별로 달라진 것이 없다는 것을 재확인했기 때문이었다. 그들은 GE의 새로운 공유 가치를 믿지 않는 중역들에 대하여 끊임없이 불평을 털어놓았다. 미시간 대학의 경영대학원 교수이며 1985년부터 2년 동안 GE의 크로톤빌 연수원장을 지낸 노엘 티치(Noel M.Tichy)에 의하면 그동안 웰치가 들은 말은 다음과 같았다.

"인원을 감축하고 계층의 수를 줄이는 목표는 옳습니다. 그러나 제대로 실행되지 않고 있습니다. 우리가 원하는 목적을 이루기 위해서는 중요하지 않은 일을 줄일 수 있어야 합니다. 그러나 실제로는 그렇지 않아요. 우리는 여전히 과거의 정책과 체계를 따라야 합니다. 과거처럼 여전히 세세한 것을 모두 알고 있어야 합니다. 우리는 시간에 쫓기고 있고 과거보다 더 많은 일에 시달리고 있습니다. 도대체 GE가 이 세상에서 가장 일하기 좋은 곳이라면, 저는 왜 퇴근할 때마다 비참한 기분을 느껴야 합니까?"

혁명을 단행한 지 7년이나 지났지만, 밑바닥에서 실제로 벌어지고 있는 일은 하나도 변하지 않은 상태였다. 이러한 껍데기만 변화는 개혁을 추진하고 있는 모든 개혁 주체 세력을 몹시 당황하게 한다. 개혁의 대상자들은 태풍이 몰아치다가 끝날 때까지 숨을 죽이고 엎드려 있었다. 그들은 이러한 태풍은 언제나 오래가지 않는 법이라고 믿었다. 인생은 변화하지 않아도 되는 수십 수백 가지의 이유를 가지고 있다. 현재가 항상 만족스러운 것은 아니다. 그러나 그럼에도 어제와 똑같이 그럭저럭 살아갈 수밖에 없는, 정말이지 그럴 수밖에 없는 이유가 있는 것이다. 변화와 개혁이 언제나 누구에게나 가장 어려운 일일 수밖에 없는 이유는 이러한 보편적인 적을 상대로 싸워야 하기 때문이다.

패러다임의 변화가 필요하다

나이를 먹을수록 사람들은 혁명과 이상을 믿지 않는다. 그것은 한낱 꿈이며 허망한 기대이고 현실에서 이루어지지 않는 쓸데없는 희망이라고 스스로 믿는 경향이 있다. 그들은 점점 더 현실주의자가 되어간다. 어느 조직이든 기득권자들이 있다. 그들은 적어도 세속적 의미에서 성공한 사람들이다. 그들은 안정과 보수를 추구한다. 그들의 일반적인 특성은 보수주의다. 혁명을 이해할 때도 마찬가지이다. 혁명은 패러다임을 바꾸어놓는다. 동시대 사람들이 가지고 있는 보편적 가치와 사고의 틀, 제도와 관행을 모두 파괴하고 새로운 패러다임을 만들어내는 것이다. 한 번에 모든 것이 속절없이 변하는 것이다. 과거는 미망의 세월이며 흘러간 어리석음이 된다.

효과적으로 일하기 위해서는 새로운 패러다임에 변화가 필요하다. 점진주의는 안정 속에서 변화를 추구하려는 사람들이 지닌 기본적 가정이다. 이것의 속성은 보수주의이며 혼란과 무질서를 원하지 않는다. 일상을 파괴하지 않고 진보를 이룰 수 있다. 그러므로 이것은 훌륭한 기능이 있다. 만일 당신이 지금을 '일상이 지배하는 안정적 시대'라고 규정한다면 점진주의를 선택하는 것이 좋다. 올바른 선택이다. 그러나 만일 당신이 지금을 '변화와 격변의 시기'라고 규정한다면 과거의 패러다임을 버리고 새로운 모색을 시도하라. 그리고 새로운 패러다임을 받아들일 준비를 하라.

새로운 질서를 만들어내기만큼 어렵고 힘든 일은 없다. 이것은 개인이나 기업도 마찬가지이다. 왜냐하면 현재의 제도와 시스템으로 혜택을 보는 모든 사람으로부터 엄청난 저항을 받을 수밖에 없기 때문이다. 그러나 한편 개혁을 도와줄 사람들은 새로운 질서가 가져다줄 혜택에 대한 모호한 그림밖에는 없다. 강력한 적과 미온적인 동지, 이것이 바로 혁신이 성공하기 어려운 근본적인 이유이다. 그러므로 싸움이 길어져 혼돈의 상태가 오래 지속하면 삶의 불편을 느끼는 사람들은 바로 대중이다. 취업은 어려워지고, 장사는 잘 안된다. 월급은 오르지 않고, 언제 잘릴지 몰라 두렵다. 물가는 치솟고 서민은 점점 더 가난해진다.

기존의 패러다임이 깨지고 다양한 생각을 실험하다 보면, 기존 사회를 유지하던 틀과 기강이 흩어지는 듯이 보인다. 그러나 우리의 삶은 시간과 환경, 그 속에서 함께 사는 사람들과의 협력을 통해 조화와 균형을 이룰 수 있다. 효과적으로 일하고 해결책을 찾아 미래에 대한 확실한 그림을 공유할 수 있어야 한다. 이것은 열심히 일한다는 의미가 아니다. 창조적이고 유일한 아이디어를 가지고 효과적으로 자신을 혁명할 때 가능한 이야기이다. 효과적으로 일한다는 의미는 상황을 명확히 파악하고 현재의 환경과 미래의 변화에 적응하는 것을 포함해 모든 것에서 새로운 삶을 창조하는 것이다.

I BELIEVE IN YOU

BELIEVE IN YOURSELF

BE POSITIVE

자전거로 유럽횡단한 전 원주 부시장 '최광철'

해마다 자전거 세계 일주에 나서는 최광철 전 원주 부시장이 지난해 도전한 미국 서부 여행기를 책으로 펴냈다. 최근 그는 아내와 함께 떠난 미국 서부 자전거 여행기 '집시부부의 수상한 여행 미국 편'을 출간하고 지난 11월 원주에서 출판 기념회와 전시회를 열었다.

이 부부는 2014년 공직 은퇴 직후 오스트리아, 독일, 룩셈부르크, 프랑스, 영국 등 유럽 5개국을 석 달 동안 캠핑하며 횡단했다. 2015년에는 광복 79주년을 맞아 한국과 중국, 일본을 석 달 동안 달렸다. 2017년에는 공모를 통해 모인 4명과 함께 뉴질랜드를 47일간 일주했다.

각종 강연에서는 검정고시로 중고교를 졸업하고 독학으로 학사 학위를 받은 개인사와 행안부 서기관, 강원도 문화관광체육국장, 원주 부시장 등 공직경험이 자전거 세계일주 도전기에 함께 실려 열정의 교훈으로 회자되고 있다.

"나이 예순을 넘어 선택한 거친 여정이 나 자신은 물론 인생 2막을 준비하는 누군가에게 새로운 용기와 희망의 메시지가 되길 바란다."

– 참고자료 : 〈강원 CBS〉 2019.05.13.

03

거절하는 기술을 배워라

"우리가 마음먹은 대로 현실을 자유롭게 만들어갈 수 있는 상황과 변화 불가능한 현실을 평온한 마음으로 받아들여야 할 상황을 올바르게 구분하는 것이 지혜다."

— 세네카

거절하는 기술

나는 사람을 좋아하는 동시에 귀찮아한다. 아리스토텔레스는 "사람은 사회적 동물이다."라고 말했다. 인간은 개인으로 존재하지만 혼자 존재하는 것이 아니라 끊임없이 타인과의 관계 가운데 존재한다는 생각에서 나온 말이다. 개인은 사회 없이 존재할 수 없다는 것이다. 나 역시 이 말에 동의한다. 내가 아무리 뛰어나고 좋은 사람이라도 타인에게 인정받지 못하거나 이 중요한 사실을 본인만 알고 있다면 아무 소용이 없다. 직장에서도 성격이 좋고 일을 잘하는 사람이 있는데 그런 사람은 꾸준히 자신의 하는 일을 주변 사람들에게 알리고 표현한다. 반대로 일을 잘하는

데도 묵묵히 혼자만 일하는 사람은 주변에서 잘 알지 못하는 경우가 있다. 시간이 오래 흘러 꾸준한 사실로 증명하는 경우는 다르지만 일반적으로 직장에서 내가 하는 일 외에 관리자가 아닌 경우에는 옆 사람이 무슨 일을 하는지 크게 관심이 없다.

최근에 알게 된 사람이 도움을 요청했다. 처음에는 상대방이 신기하고 나와 다른 사람이라 관심이 생겼다. 시간을 같이 보내보니 나쁜 사람이 아닌 것을 알게 되었다. 문제는 여기서부터 생겼다. 나와 다른 재능을 가지고 있는 그 사람은 자신에게 부족한 부분을 나에게 도움을 요청하기 시작했다. 나도 처음에는 그 사람이 나쁜 사람이 아니라 좋은 마음에 1-2번 도움을 주었다. 그런데 어느 순간 내가 할 일을 못 하고 많은 시간을 그 사람을 위해 쓰고 있는 나 자신을 발견했다. 최근에 아침에 일어나 감사한 일을 적어보는데, 감사한 일 중에 사람들을 만나고 내가 사람들에게 도움을 줄 수 있는 일도 포함된다.

또한 나는 아침에 일어나 행복해지기 위해 할 일이 무엇이 있는지 나 자신에게 질문한다. 이 질문에 대한 답은 글쓰기이다. 올해 초부터 꾸준히 글 쓰기를 하고 있다. 글 쓰는 과정에서 행복감을 느끼고 내가 몰랐던 나에 대해 발견해간다. 아침에 일어나 내가 행복하기 위해서는 무엇에 집중해야 하는지 반복적으로 질문하고 그에 대한 답을 찾아가고 있다. 다른 사람을 도와주는 것도 중요하지만 우선 내가 할 일을 정상적으로 할 수 있는 상태에서 도움을 주는 게 맞다고 생각했다. 일반적으로 사람들은 주변 사람에게 거절이나 싫은 소리를 못한다. 오죽하면 『나는 까칠하게 살기로 했다』라는 책이 베스트셀러가 되었겠는가.

이 책의 저자인 정신과 의사 양창순 씨는 참 멋진 사람이다. 이 책에서는 우리가 원하지 않는다고 해도 인간관계를 맺고 살 수밖에 없다고 말한다. 그렇다면 어쩔 수 없는 인간관계에서 에너지를 빼앗기거나 상대방 때문에 상처를 받으면 어떻게 행동해야 할까? 기본적으로 인간은 '나는 선하고 착한 사람이다. 그런 내가 남들에게 피해를 주거나 상처를 입히는 행동을 할 리가 없다. 따라서 인간관계가 나빠지는 건 상대방에게도 잘못이 있다는 의미다.'라는 나르시시즘을 지닌 존재다. 이 경우 나와 상대방에 대해 지나치게 기대하지 않는 것이 좋다. 또한, 남의 시선이나 평가에 일희일비하지 않는 노력이 필요하다. 나만의 자긍심을 가질 필요가 있다는 것이다.

행복에 집중하기 위해서는 '거절의 기술'이 필요하다. 우리가 원하는 삶은 무엇에 초점을 맞출 것인지보다 무엇을 거절할 것인지를 알 때 생겨난다는 것이다. 간단하다. 원하지 않는 부름에 응답하지 않는 것, 그것이 행복의 본질이다. 무능한 상대에게 시간을 낭비하지 말아야 한다. 소중한 내 시간을 상대에게 투자할 때는 그 역시 나에 대한 시간에 대해 준비를 해야 한다는 것이다. 우리는 준비 안 된 사람들을 위해 일일이 정중하게 대하느라 얼마나 많은 시간을 쓰고 있는가. 모든 사람에게 친절한 사람이 되기 위해 죄책감을 느끼거나 시간을 낭비하기보다는 그냥 좀 미안해하는 편이 좋다. 죄책감은 당신의 선택이다. 우리가 끊임없이 뭔가를 거절해야 하는 이유는 그래야만 우리 삶의 질을 유지할 수 있기 때문이다.

나는 2주일 동안 나에게 도움을 요청하는 상대방에 대해 적절하게 거절하지 못했다. 하지만 거절해야 할 건 거절해야 한다. 뭔가를 거절하지 않는다면 나의 인생에서 소중한 것이 의미를 잃거나 피해를 보게 되기 때문이다. 우리가 거절을 적절하게 하지 못하면 원하지 않는 것에 끌려다니거나 시간을 낭비하게 될 것이다. 하나의 가치를 선택하려면, 나머지 가치들은 거부해야 한다. 아무것도 거부하지 않으면 아무것도 얻을 수 없다. 거절은 인생을 살아가는 데 꼭 필요한 기술이다. 불행한 관계에 얽매이고 싶은 사람은 아무도 없다. 짜증나고 불안정한 직장생활에 얽매이고 싶은 사람은 아무도 없다. 하고 싶은 말을 못 하게 만드는 문화를 달가워하는 사람도 없다. 그런데 사람들은 언제나 그런 걸 선택한다. 솔직함은 인간의 본능이다. 우리가 솔직하게 살아갈 수 있는 한 방법은 서로 '아니오'라는 말을 일상적으로 하는 것이다. 그런 식으로 거절하면 오히려 관계가 좋아지고 감정이 건전해질 것이다.

집중과 선택을 위해 거절이 필요하다

일은 어려울 수밖에 없다. 무엇을 선택했든 일이 어렵지 않고 괴롭지 않은 사람은 지구상에 한 명도 없다. 다만 그 사실을 받아들여 좀 덜 괴롭고 덜 힘들 수 있는 길을 만들려고 하는 사람은 성공하고, 그 사실을 받아들이지 못하고 괴로워하는 사람은 실패할 뿐이다. 가장 효율적인 노동자는 하루를 일거리로 가득 채우지 않으며 편안함과 느긋함에 둘러싸여 일한다. 일을 많이 하는 사람은 열심히 하지 않는다고 말한다. 나 또한 매일 세상 모든 일을 어깨에 짊어진 얼굴을 하고 근면함과 성실함으로 살아가는 사람이 열심히 하는 것을 보지 못했다. 일정으로 꽉 찬 달력을 갖는 게 당신의 목표인가? 회사는 당신이 과거보다 2배의 성과를 올린다고 해도 더 많은 시간을 요구할 것이다. 심지어 당신이 일주일에 10시간을 일하면서 40시간 일하는 사람들보다 2배의 성과를 올리더라도 회사는 당신에게 일주일에 40시간을 채워 일하기를 요구할 것이다.

핵심에 집중하려면 일을 많이 하지 않아야 한다. 느긋하게 하는 사람이 무엇이든 열심히 한다. 어떻게 하느냐보다 무엇을 하느냐가 중요하다. 어떻게 해야 우리는 느긋해질 수 있을까? 핵심은 여기에 존재한다. 집중력을 가지고 가장 중요한 일을 하는 것이다. 그러면 어떻게 하면 중요한 일을 알 수 있을까? 나의 경우는 나에 대해 집중하고 생각을 얻기 위해 글을 쓴다. 처음에는 아무것도 생각이 나지 않는다. 글을 쓰다 보면 아이디어가 나온다. 아이디어에서 글이 시작된다고 생각하지만, 이미 우리 안에 생각은 존재한다. 우리 안에 존재하는 아이디어나 생각을 찾고 나 자신과 대화를 하기 위해 글을 쓰는 것이다. 때로는 친한 친구와 대화를 하다가 문득 생각이 떠오르기도 한다. 이처럼 우리는 우리 자신 안에 이미 답을 알고 있는 경우가 대부분이다.

마지막으로 우리에게 거절의 기술이 필요한 것은 우리의 인생이 유한하기 때문이다. 우리는 죽을 때까지 우리에게 수많은 문제와 인간관계 가운데 살아야 한다. 그러나 인생이 우리에게 원하는 것은 수많은 문제를 다 푸는 것이 아니라 내가 풀어야 하는 문제를 찾는 것이다. 내가 풀어내야 할 사명감이나 문제에 집중해서 인생의 의미를 찾아내야 하는 것이다. 그 의미를 찾았을 때 행복과 정체성에 대해 알 수 있다. 우리는 인생의 문제를 풀어가는 과정에서 수많은 실패를 경험하게 될 것이다. 하지만 실패를 통해 결점을 객관적으로 인식할 수 있고 앞으로 나아갈 수 있다. 이렇게 거절을 통해 내 삶에서 받아들이지 않은 것을 명확하게 정의할 수 있을 때 성장하고 중요한 것에 집중할 수 있을 것이다.

04

적게 일하고 많이 벌어라

"가난한 사람들과 중산층 사람들은 돈을 위해 일한다. 하지만 부자들은 돈이 자신을 위해 일하게 만든다. 부자는 절대 돈을 위해 일하지 않는다."

– 로버트 기요사키

돈을 버는 방법

돈을 버는 방법에는 여러 가지가 있다. 첫 번째는 가장 힘든 방법인 몸으로 일하는 것이다. 샐러리맨이나 자영업자들의 상당수가 이런 방식으로 돈을 벌지만 하던 일을 멈췄을 때 수입도 멈춰 경제적으로 심각한 위기에 처하게 된다. 두 번째는 자본을 이용해 돈을 버는 방법으로 돈이 돈을 버는 단계다. 주식이나 은행이자 수입, 채권이자, 부동산 투자 등이 여기에 속한다. 이를 위해서는 종잣돈을 만들어야 한다. 마지막으로 세 번째는 가장 고차원적인 방법으로 돈이 스스로 들어오게 제도적 장치를 마련하는 것이다. 베스트셀러로 얻는 인세나 특허의 로열티, 부동산 임대수익, 음원을 통한 수익 등이 이 영역이다. 경기와 무관하게 수익을 올리는 부자들의 비결은 바로 여기에 있다.

양동이로 매일 물을 길어다 먹는 사람이 있지만 오랫동안 고생해서 지하수에 양수기를 설치하여 파이프 공사를 한 뒤 물을 긷지 않고 먹을 수 있는 시스템을 구축하는 사람이 있다. 돈을 버는 것도 스스로 일을 해서 버는 방법이 아닌 시스템을 구축하여 돈을 벌 수 있다. 많은 시간 일을 한다고 돈을 많이 버는 시대는 지났다. 내가 모르는 특별한 세상이라고 바라만 보지 말고 지금 당장 관심을 가져보자. 항상 같은 사람들만 보고 똑같은 말만 듣고 살게 되면 더 이상 발전 있는 삶이 될 수가 없다. 하지만 내가 몰랐던 세상을 보고 다양한 사람과 만나면서 인생은 달라질 수 있다. 매일 몇 명의 새로운 사람을 만나는지 세어보라. 새로운 사람을 만나지 않았다면 새로운 세상도 펼쳐지지 않는다.

경력 개발에서 인맥은 상당히 중요한 역할을 한다. 경력을 개발하는 것은 인생의 일부분이지 인맥을 통한 직업의 선택은 인생의 많은 부분을 차지한다. 기회를 찾고, 자신을 선전하고, 능력을 키우는 노력을 하지 말라는 것이 아니다. 단지 당신의 직업으로 확인된 길을 찾기 위해 최대한 많은 도전을 해보라는 것이다. 이것도 시도해보고 저기로도 한 번 가보고 내면의 소리에 부응하라는 것이다. 이런 이야기를 하는 것은 대부분 사람은 직업을 구할 때 자신이 나온 대학교와 자격증을 통해 기존에 해 왔던 직업을 구하는 경우가 대부분이기 때문이다. 내 인생행로를 찾아갈 때 '단서'가 무엇인지 계속 시도하고 도전하며 경험해야 한다. 아직 당신의 사명이나 정말 어울리는 직업을 찾지 못하고 다른 일을 하고 있을 수도 있기 때문이다.

제서민 웨스트는 이렇게 말했다.

"우리는 간단해 보이는 선택을 한다. 사람을 선택하고, 직업을 선택하고, 이웃을 선택하는 것. 그러나 우리가 선택한 것은 사람도 직업도 이웃도 아닌 인생이다."

우리는 인생길을 정확하게 따라갈 수 없다. 정확하게 말하면 길이 없다. 과거의 역사를 돌아봤을 때 지금처럼 빠르게 발전하는 시대는 없었기 때문이다. 5년 후가 다르고 10년 후가 다르다. 지금의 최고 기업이 5년 후 10년 후에도 최고 기업으로 남아 있을지는 미지수이다. 이렇게 사회변화와 발전에 따라 선호하는 직업이 사라지기도 하고 직업이 생기기도 한다. 지금도 세상은 계속 변해간다. 현재 선호되는 직업도 얼마 지나지 않아 관심에서 멀어진 직업이 될 것이다. 과거에는 사업을 시작해서 규모 있게 성장시키기까지 수십 년이 걸렸다. 그러나 요즘에는 IT 발전에 힘입어 SNS를 통해 단기간에 급성장하는 회사가 많아지고 있다. 이러한 기업들의 특징은 온라인을 기반으로 한다는 것이다.

1,000명에 열혈팬을 만들자

요즘은 어린아이들이 유튜브를 보고 자란다. 이전에 핸드폰이 없는 시대에는 상상도 못할 일이다. 하지만 이제는 유튜브, 인스타그램, 페이스북을 모르면 이야기가 안 되는 시대에 살고 있다. 나 역시 최근에 아는 사람의 요청으로 네이버에 중고차 카페를 개설하였다. 카페 이름은 '윈윈모터스' 중고자동차카페이다. 이전에 자동차나 책을 마케팅하기 위해서는 오프라인 매장이 필요했다. 하지만 인터넷 서점이나 온라인 마켓이 시장을 장악하게 되면서 오프라인 가게는 최소 지점 개수만 빼고는 많이 사라졌다. 온라인카페에 '1,000명의 열혈 팬'만 존재한다면 카페를 통해 스타트업 기업을 창업시킬 수 있다. 성공적인 창업을 위해서는 '100만'이라는 숫자가 필요하지 않다. 사진작가, 음악가, 디자이너, 작가, 애니메이터, 앱 제작자, 공예가, 사업가 등으로 살아남기 위해 당신에게 필요한 건 단 1,000명의 열혈팬이다.

열혈팬이란 '당신이 하는 일에 긍정적인 사람들'로 정의할 수 있다. 당신이 책을 내면 책을 구매할 것이고, 당신이 콘텐츠를 생산해내면 SNS나 지인들에게 대신 홍보해줄 것이다. 중고자동차카페를 운영하고 있다면 지인들이 차를 사거나 팔 때 카페를 소개해줄 것이다. 100만 명의 팬보다 훨씬 실현 가능한 숫자이며 1,000명의 고객과는 직접 연락이나 소통도 가능할 것이다. 일반 팬들은 당신이 만든 창작물을 가끔 구입하거나 생애 단 한 번만 구매할 수도 있다. 하지만 그들의 이런 구매가 당신의 수입을 늘려준다. 실제로 당신을 통한 창작물이나 서비스가 훌륭할 경우 자신의 SNS에 올려서 대신 마케팅을 해주거나 키워드 검색에 적절하게 사용되었을 경우 네이버나 다른 포털사이트에 기재될 수도 있을 것이다.

이탈리아 경제학자인 파레토는 상류층 20%가 나라 전체 재산의 80%를 소유하고 있다는 사실을 규명하면서 80:20이라는 파레토법칙이 작용한다고 주장하였다. 그는 19세기 영국의 부와 소득의 유형을 연구를 통해 불균형 현상으로 전 인구의 20%가 전체 부의 80%를 차지하고 있다는 것을 알아냈다. 그의 발견은 여러 경제학자에 의해서 파레토법칙으로 발전하게 되었다. 이 이론의 주요 내용은 '사소한 다수와 중요한 소수가 문제의 원인으로 우리 주변에서 일어나는 많은 현상의 80%는 20%의 중요한 원인 때문에 발생한다는 것'이 주요 내용이다. 이와 반대로 롱테일법칙(The Long Tail)은 개별 매출액은 작지만 이들을 모두 합하면 히트상품 못지않게 매출을 올릴 수 있는 틈새 상품의 영역을 말하는 것으로, 기존에는 파레토법칙과 같이 수백만 개씩 팔리는 상품을 개발하려는 사고방식이었다면 앞으로는 기존 패러다임에서 사소한 것으로 간주되었던 나머지 80%가 부각될 것이라는 점이 핵심이다.

디지털시대를 맞이해서 무수히 많은 틈새 상품이 생겨나고, 각각의 제품의 매출액은 보잘것없지만 이들의 총합이 모이면 히트상품과 맞먹는 정도의 규모가 되는 현상이 나타나고 있다. 인터넷 서점 아마존닷컴은 20%의 베스트셀러가 아니라 1년에 몇 권 안 팔리는 80%의 소외당하는 책들이 모여 많은 수익을 올리고 있다. 판매순위 상위 10만 종을 제외한 98%의 비 히트상품의 매출이 전체 매출액의 25%를 기록한다는 것이다. 틈새 상품이 시장에서 사라지지 않고 계속해서 판매되면서 수용 곡선의 꼬리 부분이 머리 부분보다 길어져 그동안 무시되었던 상품들이 중요해지는 변화를 겪고 있다. 이 같은 변화의 패러다임을 롱테일이라 부른다. 그러한 틈새 키워드를 하나 잡게 되면 관련 사이트는 인터넷에서 '황금알'을 낳는 거위가 되기도 한다. 키워드를 찾는 것이 사실상 가장 중요한 작업 중 하나로 그 과정을 통해 검색엔진에 대해서도 많이 알아야 한다.

마케팅에 관해서도 공부가 필요하다.

　네이버 등 포털사이트는 매출의 3분의 2 이상이 광고수익이다. 그러므로 시선이 많이 가는 곳에는 '파워링크' 등의 형태로 네이버 본사에서 광고를 집행한다. 우리는 보통 어떤 키워드를 검색하면 키워드에 관련된 검색된 페이지를 보게 된다. 검색량이 많은 키워드일수록 광고비가 많이 집행되기에 유료광고는 최상단으로 그 외 수익 포스트는 아래에 위치하게 된다. 그래서 돈 되는 키워드는 경쟁이 상당히 치열하다. 이렇게 새로운 시대에는 검색 키워드 하나 찾는 게 매우 중요한 일이 될 수 있다. 매일 같이 좀 더 일하려고 애쓰지 말고 적게 일하고 많이 벌 수 있는 일에 노력과 시간을 투자하자.

05

아웃소싱(outsourcing) 하라

"잠자는 동안에도 돈이 들어오는 방법을 찾지 못한다면, 당신은 죽을 때까지 일해야 할 것이다."

– 워런 버핏

나 대신 일해줄 시스템을 만들어라

아웃소싱(Outsourcing)은 기업의 내부 프로젝트나 제품의 생산, 유통, 용역 등을 외부의 제 3자에게 위탁, 처리하는 것을 말한다. 나는 IT 업종에서 일하였기 때문에 SI 업체란 말을 어렵지 않게 접해왔다. System Integration(시스템 구축)의 약자이며 하나의 시스템으로 함께 운영될 수 있도록 하는 사업을 의미한다. 보통 국내에서는 전산시스템이 있어야 하는 곳으로부터 하도급을 받아 시스템의 기획, 개발, 유지보수, 운영 등을 대신 해주는 업종을 말한다. SI 업체에 다니면서 대기업에서 발주한 프로젝트를 제안과정을 거쳐 진행하게 된다. 보통 프로젝트를 진행하기로 결정되면 제안서나 요구 정의서에 정의된 요구사항을 분석과 설계단계를 거쳐 개발을 진행한다. 이후 단위테스트와 통합테스트를 마친 후 프로젝트가 종료되면 유지보수계약을 별도로 하거나 프로젝트가 큰 경우는 운영인력 몇 명을 두고 고도화 프로젝트나 다음 프로젝트와 연결해서 진행하기도 한다.

우리는 지금 노동을 사고파는 시대에 살고 있다. 대기업이나 중소기업 등이 특정한 기술을 갖춘 노동자를 프로젝트 단위로 선별해 고용할 수 있다. 일거리가 생기면 운전기사, 반려견 산책 대행자, 청소대행 업체, 심부름 및 배달 대행업자 등에게 휴대전화로 알림을 보내 먼저 연락이 오는 사람에게 일을 준다. 쉬운 예로 카카오 택시를 생각하면 알 수 있다. 회식이나 야근을 맞추고 피곤한 몸을 이끌고 택시를 호출한다. 그러면 근처에서 가장 가까운 카카오 택시 운전기사에게 핸드폰으로 알람이 간다. 택시 운전기사가 모바일 앱에서 요청을 수락하면 내가 있는 위치까지에 시간이 표시되며 내가 기다리는 택시기사의 정보와 번호판 정보가 표시된다. 이렇게 우리는 이미 여러 서비스에서 노동을 사고파는 시대에 살고 있다.

나는 대학교를 졸업하고 자연스럽게 직업이 있어야 한다고 생각했다.

그러나 대부분의 밀레니얼 세대가 그렇게 생각하지는 않는다고 한다. 하지만 실제로 내가 만나본 사람 중 세대를 떠나서 안정적인 삶을 싫어하는 사람은 별로 없었다. 밀레니얼 세대(Millennial Generation)는 밀레니얼스(Millennials) 또는 Y세대(Generration Y)로 X세대의 뒤를 잇는 인구집단이다. 정확한 구분 기준은 없으나 대다수의 전문가는 1980년대생-2000년대 초반생까지 출생한 세대를 일컫는다. 대부분 베이비붐 세대의 자녀들이라 베이비붐 에코 세대(echo boomers)라고도 한다. 어쩌면 밀레니얼 세대가 기성세대와 다른 점은 안정적인 삶을 꿈꾸나 부모세대와 달리 취업 문제나 안정적인 삶을 손에 넣는 일에서 예전보다 경쟁이 더 치열하고 어려운 세대라는 차이점이 있는 건 아닐까 생각해본다.

기업들이 프로젝트 사업을 팀 형태로 자주 진행하면서 회사의 직원뿐 아니라 외부의 전문가나 업체와 함께 사업을 진행하는 일종의 아웃소싱을 하는 경우가 크게 늘고 있다. 아웃소싱의 의미는 앞에서 말한 것처럼 내부의 프로젝트나 활동을 기업의 외부의 제삼자에게 위탁해서 처리하는 것을 말한다. 하지만 최근에는 단순한 부수적 업무 위탁이 아닌 중요 프로젝트 사업을 진행하는 데도 적합한 능력이 있는 외부인(단체)과 함께 공동 진행하거나 이를 전적으로 맡겨 진행하는 형태도 포함한다.

최근 무선인터넷과 스마트 기기의 발전과 높은 보급으로 작업 환경이 놀랍도록 개선되면서 자택에서도 최적화된 작업 환경을 마련해 근무하는 자택 근무가 늘고 있으며 이를 원하는 사람도 늘고 있다. 특히 개인의 생활을 중시하는 현대인들은 회사에 갇혀 긴 노동시간을 견디는 것을 원치 않는다. 자신의 능력만 된다면 집에서 자신의 계획표대로 이를 조정해 개인적 삶의 여유를 찾고자 프리랜서를 꿈꾸는 이들이 증가하고 있다. 또 퇴직연령이 낮아지면서 퇴직 후에 프리랜서를 선언해 자택에서 작업하는 이들도 늘고 있다.

한 회사에 오랫동안 있지 않으려는 이들을 정직원으로 뽑기 위해 에너지를 소비하기보다는 진행하는 프로젝트에 적합한 인물을 프리랜서로 고용해 참여시켜 효과 높은 결과를 얻는 것이 관리비용 측면에서도 효율적이고 프로젝트에 따른 비용만 지급하면 되기 때문에 회사 차원에서는 정규직을 채용하는 것보다 비용적인 측면에서도 이익이기 때문이다. 이러한 프리랜서에 대한 수요는 오래전부터 존재했다. 단지 변화한 것이 있다면 과거 다운사이징이나 구조조정을 통해 정규직 채용을 줄이는 형태가 아니라 고도화되고 복잡해진 프로젝트를 성사시키는 데 외부 전문가나 업체의 도움을 필요에 따라 받는다는 점이다.

아웃소싱 인식에 변화가 필요하다

안타깝게도 국내에서 아웃소싱을 대표하는 이미지가 '비정규직', '불법 파견', '악덕 업체' 등 부정적인 것은 어제오늘 일이 아니다. '불법이냐, 악덕이냐' 하는 국내 인식 문제는 일단 둘째 치고라도 아웃소싱 기업과 소속 근로자가 맺은 계약이 비정규직이냐, 정규직 계약이냐에 따라 달라진다. 말하고 싶은 점은 아웃소싱 기업이라고 해서 무조건 '비정규직 근로자'라는 잘못된 인식을 바로 잡아야 한다는 것이다. 아웃소싱이란 주 회사의 주된 활동이 아닌 업무를 다른 기업에 일임하는 것인데 다른 말로는 도급이라고 표현하며 국내에서는 주로 인력을 파견하는 일이라는 인식이 만연해 있다. 그러나 실제 아웃소싱은 인력뿐 아니라 기술, 정보, 전략의 제공도 포함한다.

아웃소싱의 이점으로는 외부 시장경쟁 효과가 있다. 아웃소싱업체로서 타인의 기술업무를 대신 해주기 위해서는 특화된 자원과 기술력이 있어야 하는데, 이러한 산업 분야의 전문성을 갖기 위해서 끊임없이 기술개발의 노력이 필요하다. 외부의 수많은 아웃소싱 업체와의 시장경쟁 체제가 자연스럽게 만들어지기 때문에 시장에는 기술, 자원, 인프라 등 어느 한 부분에서 뛰어난 장점이 있는 아웃소싱 업체들만 남게 된다. 이처럼 '아웃소싱은 인력을 파견할 뿐인 업종', '파견 근로자는 모두 사용기업의 비정규직 근로자일 뿐'이라는 잘못된 인식 등이 국내 아웃소싱 산업을 멍들게 하고 있다. 아웃소싱 산업의 건전한 발전과 경제성장의 기반이 되는 근로 형태 다양성 확보를 위해 잘못된 인식의 변화가 필요한 시점이다.

지금까지 살펴본 기업과 전문인력에 대한 아웃소싱뿐만 아니라. 프리랜서나 1인 창업가로서의 사장의 처지에서도 시간을 많이 잡아먹지 않고 비용이 적게 드는 방안에 대해 우리는 고민해 봐야 한다. 프리랜서 생활의 자유는 정말 매력적이다. 다만 자신의 회사에서 나와 독립적으로 생활할 때 과거의 명성이나 경력은 아무런 도움이 되지 않는다. 이제 아무런 소속도 없이 내 시간을 통제하는 상황에서 나는 모든 것을 혼자서 해내야 한다. 그런 일을 한다고 누가 봉급을 주는 것도 아니다. 나는 우선 경쟁자들이 어떻게 준비하고 나와 경쟁하는지부터 공부해야 한다. 자기계발서나 경영서에 보기 좋은 말들은 다 집어치워라. 남들보다 더 잘하려고 하지 말고 남들과 다르게 나답게 특별하게 잘할 방법을 고민해라. 이때 필요한 것이 아이디어와 행동력이다. 낯선 사물을 새로운 방식으로 보고 기존의 데이터들을 새롭게 연결해 다른 분야에 아이디어를 융합시켜야 한다. 남들을 쫓아가기 위해, 남들보다 더 잘하기 위해 아등바등하지 말고 직접 아웃소싱을 해보거나 1인 창업자의 관점에서 일을 위임해보자. 일을 구체적으로 지시하지 못하거나 불필요한 업무를 제거하지 못했을 때는 시간과 비용을 손해보게 될 것이다. 아웃소싱을 하거나 아웃소싱 업무를 받아 일을 처리하는 입장에서 경영자로 주어진 어려움을 수행해보고 변화를 감지하면서 하나씩 배워나갈 수 있기를 바란다.

I BELIEVE IN YOU

BELIEVE IN YOURSELF

BE POSITIVE

주부에서 곤충학 박사가 된 '정부희'

정부희 박사는 고려대학교 한국곤충연구소 연구교수인이다. 그녀는 이화여대 영어교육과에 진학하여 교사 자격증도 따고 임용을 기다리고 있었다. 그러던 중 가족여행으로 두 아들과 함께 전국에 있는 유적답사를 다니다가 야생화가 눈에 들어와 야생화를 공부하기 시작했다. 그러다 보니 꽃에 날아드는 곤충도 자연스레 접하게 되었다.

그런데 마땅한 도감이나 책이 없어서 혼자 공부하기 쉽지 않았다. 그녀는 40세라는 나이에 성신여대 생물학과 대학원에 진학했다. 정 박사의 전공은 딱정벌레목의 거저리과 곤충이다.

그녀의 목표는 10권의 곤충기를 내는 것이다. 국내에 잘 알려지지 않은 곤충을 찾아서 전 세계에 알리는 일도 하고 싶고, 은퇴 후에는 곤충에 관심이 있는 사람들을 모아서 곤충 강의도 하고 재능기부도 하고 싶다고 말한다.

"아이들한테 매여 있는 마음을 조금 덜어서 자신에게 돌렸으면 좋겠어요. 40인 사람은 80을, 50인 사람은 그 이상을 보고 장기적으로 자신에게 주어진 시간을 행복하게 썼으면 좋겠어요."

– 참고자료 : 〈매일경제〉 2017.07.14., 『여성조선』, 2018.02.15.

06

사무실에서 탈출하라

"하나의 문이 닫히면 다른 하나의 문이 열리게 마련이다. 그러나 우리는 너무도 자주 후회 속에서 오래도록 닫힌 문을 쳐다보며 아쉬워한다. 우리 앞에 또 하나의 문이 열려 있는 것도 알지 못한 채."

– 헬렌 켈러

자유에 관한 짧은 고찰

'나는 진정으로 자유로운가?' 특별히 구속된 바 없고, 배고플 때 먹을 수 있고, 잠자고 싶을 때 잠잘 수 있다. 그럼 자유롭다고 할 수 있지 않을까? 적어도 감옥에 갇히거나 화장실을 갈 때 허락을 받아야 하는 수동적인 생활이 아니기 때문이다. 영화 〈쇼생크 탈출〉을 오랜만에 다시 보았다. 영화의 시작은 주인공 앤디가 그의 아내와 골프 코치가 불륜을 나누는 장면에서 시작된다. 차 안에서 술을 마시고 권총에 총알을 넣으면서 재판장으로 넘어간다. 잘나가던 은행원 '앤디 듀프레인'은 바람난 아내와 정부를 살해한 혐의로 종신형에 받는다. 그가 수감하게 된 곳은 '쇼생크'

결코 평온하기만 한 곳이 아니었던 감옥 안에서의 생활이지만 점차 적응한다. 처음엔 다른 죄수와 마찬가지로 육체노동을 했지만, 악질 간수의 세금 문제를 본인의 재능을 살려 도와준다. 차츰 간수들의 은행 업무를 봐주게 되고, 마침내는 교도소장의 업무를 전담하기까지 인정을 받는다.

영화에서 앤디(팀 로빈스)는 유일하게 희망을 가지고 있는 죄수였고, 레드(모건 프리먼)는 유일하게 감옥 안에서 자신의 죄를 인정한 죄수였다. 감옥에서 시간을 보내면서 1주도 빠짐없이 도서관 확장 건의 편지를 보낸 결과 6년 만에 답장이 온다. 6년 만에 답장과 함께 온 여러 책과 음반 중에 오페라 '피가로의 결혼'을 축음기에 올려놓고 전 교도소에 울려 퍼지도록 설정한다. 이것은 앤디라는 인물의 삶에 대한 태도를 보여주는 장면이다. 항상 죄수들에게 경고음만 나오던 스피커에서 한 여자 가수의 노래가 흘러나오자 모든 죄수는 스피커를 쳐다본다. 이때 레드의 독백이 나온다.

"난 지금도 그 이탈리아 여자들이 뭐라고 노래했는지 알지 못한다. 사실은 알고 싶지 않다. 모르는 채로 있는 게 나은 것도 있다. 난 그것이 말로 표현할 수 없고 가슴이 아프도록 아름다운 이야기였다고 생각하고 싶다. 그 목소리는 이 회색 공간의 누구도 감히 꿈꾸지 못했던 하늘 위로 높이 솟아올랐다. 마치 아름다운 새 한 마리가 우리가 갇힌 새장에 날아 들어와 그 벽을 무너뜨린 것 같았다. 그리고, 아주 짧은 순간 쇼생크의 모두는 자유를 느꼈다."

그것은 기적이었다. 자유의 바람이었으며 영혼의 음성이었다. 음악이 울려 퍼지는 동안 쇼생크의 벽은 무너졌다. 죄수들은 짧은 한순간이었지 만 새가 되어 날아올랐다. 이 사건으로 인해 앤디는 독방에 갇힌다.

동료 : 독방에 축음기를 들고 들어갔단 말이야?
앤디 : (머리)이 안에 있어. (가슴)이 안에도. 그래서 음악이 아름다운 거 야! 그건 빼앗아갈 수 없거든. 음악에 대해 그렇게 안 느껴봤어?
레드 : 글쎄, 젊었을 땐 하모니카를 잘 불었지 이젠 흥미를 잃었고 여 기서 소용이 없으니까.
앤디 : 이런 곳일수록 소용이 있죠! 잊지 않게 해주니까요!
레드 : 잊어?
앤디 : 세상엔 이렇게 돌로 만들어진 장소만 있지 않다는 사실을 잊는 거죠. 마음속의 그 어떤 건 아무도 빼앗지 못하고 손댈 수 없다 고요. 자신만의 것이라고요!
레드 : 무슨 이야기야?

앤디 : 희망이요.

레드 : 희망? 한 가지 이야기해줄까? 희망은 위험한 거야. 사람을 미치
　　　게 할 수 있지. 이 안에선 아무 쓸모도 없어. 그 사실을 받아들이
　　　는 게 좋아

희망에 관해 이야기하는 앤디와 염려하는 레드가 나누는 대화가 흥미
롭다. 앤디의 매력은 감옥 안에서 자신에게 주어진 시간을 헛되게 보내
지 않는 것이다. 첫 번째로 감옥 안에 도서관을 만드는 일을 한다. 두 번
째는 오랜 시간을 걸쳐 탈출에 대해 노력한 점이다. 15㎝ 남짓한 돌 공예
용 망치로 쇼생크 벽에 터널을 뚫는 것은 위험하고 지지부진한 일이었
다. 하지만 오랜 시간이 지난 후 그는 결국 탈출하여 햇빛이 아름다운 멕
시코 바다로 간다. 현실에서는 제약이 많다. 여행 한 번 마음대로 떠나는
것을 할 수 없다고 불평한다. 결혼하기 전에는 젊은 나이라 돈이 없어서
하고 싶은 것을 못한다고 하고, 결혼하면 아내와 아이들을 키우느라 마
음대로 하지 못한다고 투덜거린다. 아이들이 커서 곁을 떠나면 이제 나
이가 들어 몸이 말을 듣지 않는다고 하소연할 것이다. 인생은 언제나 하
고 싶지만 못한 것과 할 수 있지만 하고 싶지 않은 것으로 구성된 것처럼
보인다.

직장을 탈출하는 데 필요한 준비

　부자들이 좋은 점은 돈이 많아 사고 싶은 것을 신경 쓰지 않고 살 수 있다는 점이다. 하지만 정말 좋은 점은 자신의 시간을 자신에게 온전하게 쓸 수 있다는 점이다. 돈이 더 많다고 해서 우리 생각처럼 원하는 삶을 다 살 수는 없을 테지만 많은 제약에서 자유롭게 해주는 것은 사실이다. 돈이 없어서 내가 하고 싶은 것을 못했다거나 행복한 인생을 위해 무언가 하려 했는데 상황이 여유롭지 않아 자기 발전이나 결정을 미루는 것은 우리가 가장 하기 쉬운 변명일 것이다. 우리는 여러 가지 이유를 들어 일상을 소진하고 시간을 낭비한다. 쇼생크 탈출에서 간수들을 피해 앤디는 우리가 현실에서도 하기 힘든 도서관을 만드는 일이나 시간을 두고 작은 공예용 망치로 꾸준히 벽에 터널을 뚫는다. 감옥에서조차 그는 시간과 환경들에 물러서지 않았고 희망을 붙잡아 결국 탈출에 성공한다.

　우리는 직장에 다닌다. 돈을 벌기 위해 희망을 품고 매일 조금씩 노력하며 산다. 우리 역시 언제가 쇼생크에서처럼 지루한 일상의 감옥에서 자유로운 세상으로 나올 수 있다. 세상은 하고 싶고 할 수 있는 곳으로 바뀌어야 한다. 우리가 고민해야 할 문제는 우리에게 희망과 욕망을 위해 포기해야 할 것을 선택하는 것과 욕망에 솔직하게 살아가는 것이다. 내가 일상을 살면서 바라는 것은 무엇인가? 현재 다니고 있는 회사가 감옥처럼 느껴진다면 하루하루 조금씩 탈출을 구체적으로 꿈꾸어보기 바란다. 영화에는 감옥에서 젊은 시절을 모두 보내고 50년 동안 감옥에 있었던, 힘없는 할아버지 브룩스가 나온다. 그는 석방이 결정되어 바깥세상으로 나가게 된다. 감옥 안에서는 그는 나름 배운 사람이고 중요한 사람이었다. 하지만 사회에서는 신경통에 걸린, 쓸모없는 전과자일 뿐이다. 감옥 안에 삶에 길들여진 것이다. 쇼생크 안에 '익숙함'과 '친구', 그의 모든 삶이 있었다. 하지만 사회는 그렇지 않았다. 전혀 새롭고 낯선 두렵고 적응해야 하는 무서운 곳이었다.

나중에 우리도 나이가 들어 은퇴하면 익숙하지 않은 환경에 살아가는 때가 온다. 직장이나 회사 밖에서의 삶은 어떤 의미에서 감옥 밖의 두렵고 익숙하지 않은 삶과 닮아 있다. 우리가 젊은 나이에 사무실에서 탈출을 꿈꾸는 이유는 지금 내가 하고 싶은 일을 하고 있지 않거나 미래에 대한 희망 역시 삶을 살아가는 데 비전을 주지 못하기 때문일 것이다. 만일 그렇다면 쇼생크에서의 앤디처럼 희망을 가지고 오랫동안 탈출을 꿈꾸거나 자신만의 소명이나 재능을 찾아 자유롭고 욕망에 충실한 삶을 살수 있는 곳으로 나아가도록 하자.

07

원하지 않는 직장은 버려라

"모든 행위의 과정에는 위험이 도사리고 있다. 그러므로 신중하다는 것은 위험을 피하는 것이 아니라 위험도를 판단하여 결단력 있게 행동하는 것이다."

― 니코로 마키아벨리

내가 원하는 직장은 무엇인가?

평일을 주말처럼 살 수 없을까? 지금 하는 일에 불만이 있는 것은 아니다. 다만 금요일 저녁 퇴근하는 시간이면 직장이라는 감옥에서 탈출하는 기분이 든다. 나는 돈을 좋아한다. 돈은 내가 필요한 것을 할 수 있게 도와주는 수단이기 때문이다. 돈이 많이 있으면 편안하게 누워 잠잘 수 있는 집을 얻을 수도 있고 입고 다니는 옷도 살 수 있다. 현대사회에서 돈이 없다는 것은 상상만 해도 무서운 일이다. 하지만 직장생활을 10년 정도 하고 삶을 되돌아보니 평일은 주말을 위한 일하는 시간이었다. 직장에서 일하는 시간 일에 몰입하고 그에 상응하는 월급을 받고 있다는 사실을 알고 있다. 하지만 문득 '내가 살아가고 있는 인생이 내가 원하는 삶일까?'라는 고민이 시작되었다. 다른 사람들과 비슷하게 하루를 열심히 살고 있다. 하지만 '내가 알고 있는 세상이 전부가 아니라면 내가 원하는 삶이 다른 곳에 존재한다면 엉뚱한 곳에서 내게 주어진 사명을 깨닫지 못한 채 살아가고 있는 건 아닐까? 내가 좋아하는 돈을 벌기 위해 열심히 살고는 있지만 정작 돈보다 더 중요한 내 천직이 있지 않을까?'라는 질문들이 머릿속을 맴돌았다.

맞지 않는 직장에 주저앉아 보낸다는 것은 말도 안 되는 짓이다. 요즘 회사 책상에 앉아 있으면 자주 드는 생각이다. 지금 내가 직장에서 받는 월급은 엄청나게 많은 돈은 아니다. 하지만 평균적인 직장인 월급으로 그렇게 나쁜 수준은 아니다. 통계에 따르면 일반적인 직장인들은 46세 정도에 직장에서 가장 많은 돈을 받는다고 한다. 경력이 쌓이고 직급이 오를수록 연봉이 늘어난다. 이런 이유로 우리의 미래가 나아질 수 있다는 착각에 빠지게 된다. 지금처럼 많은 것들이 빠르게 변하는 시대에는 미래가 점점 불확실하다는 사실을 알고 있다. 요즘 1990년대 생들은 대기업보다는 공무원에 더 몰린다. 그 이유는 많은 월급을 받고 회사에서 빨리 그만두는 것보다는 적은 수입이라도 꾸준히 오래 일할 수 있는 안정적인 삶을 지향하기 때문이다.

똑똑한 인재들이 공무원의 삶에 만족할 수 있을까? 공무원이란 직업이 주목받고 합격하기도 힘든 시대지만 자신의 재능과 상관없이 안정적이고 편안하다는 이유만으로, 자신의 재능이 무엇인지 찾아보지도 않고 맹목적으로 철밥통이라는 이유만으로, 더 많은 재능이 있을지 모르는 인재들이 공무원이 되는 것은 나라나 각 개인에게 많이 안타까운 현실이라는 생각이 든다. 보통 사람들은 일상에 매여 평생을 산다. 일상은 우리에게 주어진 물리적 시간이며, 기억이며, 동시에 상상력의 테두리이다. 그것은 그저 '현실'을 의미하지 않는다. 꿈이 없는 현실은 껍데기일 뿐이다. 그 껍데기를 유지하기 위해 우리에게 주어진 시간을 낭비하고 있는 것이다.

「마지막 잎새」는 오 헨리의 소설로 어릴 적 다들 한 번씩 읽어본 기억이 있을 것이다. 화가 지망생 소녀 수와 존시는 예술가 마을인 뉴욕 그리니치 빌리지에서 공동생활을 한다. 몸이 약한 존시는 폐렴에 걸리고 곧 죽을 거라는 부정적인 생각을 한다. 수는 존시에게 끊임없이 격려로 용기를 주지만 존시의 부정적인 말 때문에 힘들어한다. 존시는 창문 밖에서 보이는 담쟁이 잎을 자신과 동일시하면서 담쟁이 잎이 다 떨어지면 자기도 죽을 거라는 몹쓸 생각을 한다. 수는 이웃집 베어먼 영감에게 존시에 대한 이야기를 한다. 그러자 베어먼 영감은 이내 눈물을 쏟으며 "세상천지에 그런 바보 같은 소리가 어디 있느냐?"라며 노발대발하고, 존시가 병 때문에 마음이 약해진 거라고 수에게 그녀를 잘 보살피라고 독려한다. 그날 밤 폭풍우가 매섭게 몰아친다. 존시가 옆집 담쟁이 덩굴을 보는데 나뭇잎들이 다 떨어졌지만 마지막 잎새 하나는 끝까지 떨어지지 않았다. 존시는 그 나뭇잎에 감화되어 삶에 대한 의지를 얻게 된다. 그 후 존시가 완전히 회복되자 수는 베어먼 영감이 절망에 빠진 존시에게 희망을 주기 위해 밤새도록 폭풍우를 맞으며 벽에 담쟁이 잎 벽화를 그리다가 폐렴에 걸려 세상을 떠났다는 이야기를 전한다. 말을 마친 수는 커튼을 열어 담쟁이 벽화를 보며 그것이 베어먼의 '걸작(masterpiece)'이라고 표현한다. 베어먼이 언젠가 걸작을 그릴 것이라던 호언장담이 실현된 것이다.

천직을 찾아 모험을 떠나라

이 짧은 오 헨리의 소설에서 우리가 생각해볼 수 있는 내용은 크게 2가지이다. 하나는 질병에 걸려도 우리 몸속에 이미 그 병을 이길 힘이 있다는 사실이다. 병은 마음에 있었고 마지막 잎에 감화되어 삶의 의지를 지속할 수 있었다. 두 번째는 인생의 걸작을 만든 베어먼 영감에 관한 생각이다. 그가 평생 남기고 싶어 하던 걸작은 아픈 존시에게 희망을 주고자 하는 마음에서 탄생했다. 삶이 어려운 것은 가난하기 때문이 아니다. 삶의 희망을 잃어버린 채 살아가고 있기 때문이다. 욕망이나 희망이 없는 삶은 이미 죽어 있는 것이나 다름이 없다.

우리는 어떻게 천직을 발견할 수 있을까? 통계적으로 우연히(29%) 발견하거나, 시행착오(27%)를 거쳐, 혹은 이전 직업과의 관련성(12%) 등을 통해 자신의 천직을 발견하는 경우가 3분의 2에 달한다고 한다. 그런가 하면 직관적으로 자신의 천직에 접근해간 경우는 39%에 달해, 사업 타당성을 타진하여 선택한 경우(30%)보다 오히려 높게 나타났다. 직관적으로 자신의 길을 따르게 된 것은 다른 사람에게 그 방법을 논리적으로 알려주기 어렵다는 것을 의미한다. 갑자기 '신속하고 즉각적인 통찰'로 알게 되었다는 것에 가깝다. 좋아하는 일도 아니면서 수입도 신통치 않은 일을 하면서 평생 보내는 것보다 자신에 재능과 천직에 대해 끊임없이 탐구하고 자신이 원하는 천직을 위해 모험을 떠나보자.

자본주의가 아직 희망이 있는 것은 바로 '경쟁에서 승리하는 사람들'에게 점점 더 많은 기회가 돌아간다는 점에 있다. '자유 경쟁'이라는 기본 규칙 안에서 솔직한 욕망에 따라 끊임없는 열정을 불러일으키고 자기 개혁을 하는 사람들이 성공을 이룬다는 점이다. 만약 당신이 자존심 때문에 결단을 내리지 않는다면, 지금과 똑같은 이유로 5년, 10년, 20년 후에도 인생을 증오하고 있을 것이다. 나도 내가 틀렸다는 것을 인정하기 싫어 변화를 주지 않으면 완전히 무너져 버릴 상황에 이를 때까지 회사와 함께 막다른 길을 향해 달려가고 있었다. 그만큼 나도 결단을 내리는 게 얼마나 힘든지 안다. 우리는 모두 똑같은 상황에 놓여 있다. 하지만 자존심을 세우는 것은 어리석은 일이다. 문제점과 해결책은 명백하고도 간단하다. 무엇을 해야 할지 당신이 모르는 게 아니라는 말이다. 당신은 너무나 잘 알고 있다.

지금에 직장이 당신의 천직이면 문제가 될 것이 없다. 하지만 사회적으로 그럴듯해 보이고 수입도 나쁘지 않아 자신이 원하는 것을 실행하지 못 하는 상태라면 사회적인 선악과 가치의 여과 없이 남들의 시선을 상관하지 말고 자신의 마음이 바라는 것을 직시해보자. 지금 상황보다 더 악화되지 않을까 두려워하는 것일 수도 있다. 평생 그 일만 하며 살았을 때, 그리하여 그 일을 아주 완벽히 잘하게 되었을 때, 자신의 인생이 좋았다고 말할 수 있을까? 만일 그렇게 믿을 수 있다면 상관없다. 그것이 바로 지금 당신이 원하는 삶이기 때문이다. 하지만 당신이 용기가 없고 두려워서 현재의 직장에 머무르는 것이라면 자신의 욕망이 흐르는 천직을 찾아 여행을 떠나보는 것을 고려해보자. 개선의 여지가 없으면 직장에서 탈출해보자.

08

수입을 자동화하라

"그냥 내버려둘 수 있는 것이 많을수록 인간은 부유해진다."

– 헨리 데이비드 소로

머니 시스템을 구축하라

나는 종종 상상한다. 로또에 맞아 직장을 그만두거나 통장에 자동으로 돈이 들어오는 시스템을 만들어 자동으로 통장에 돈이 들어와서 돈 걱정할 필요가 없어 내 시간 전부를 나를 위해 온전히 쓰는 상상이다. 앞으로 평생 돈 걱정을 할 필요가 없다면 당신은 무슨 일을 하겠는가? 10억 정도의 돈을 가지고 있으면 회사에 다니지 않아도 되려나? 아니면 20억 정도 돈을 가지고 있으면 평생 내가 하고 싶은 일을 하며 살 수 있을까? 상상에는 돈이 들지 않는다. 하지만 주말이 끝나고 나면 나는 또 회사에 나가서 내 시간과 몸을 써서 돈을 벌어야 한다. 아침에 9시까지 출근하여 오후 6시까지 모든 시간을 회사에 미리 팔아넘기고 그 대신에 월급을 받는다. 나는 자유를 가졌지만 자유롭지 못하다.

자영업자든 남의 밑에서 일하는 사람이든 소득을 획기적으로 끌어올릴 수 있는 방법은 무엇일까? 지금 소득의 2배를 더 벌기 위해서는 어떻게 해야 할까? 가장 간단한 방법은 일을 2배로 늘리는 것이다. 하지만 사람이 하루에 일할 수 있는 작업량에는 한계가 있다. 현재 하루에 9시간 일하는 사람이라면 노력을 해도 3-4시간 정도 더 일하는 게 고작이다.

그리고 업무량을 늘렸다고 해서 돈을 더 많이 버는 데 도움이 되지 않을 수도 있다. 그렇다면 다른 방법은 무엇이 있을까? 지금 하는 일에 부가가치를 높이거나 일을 능률적으로 처리하는 방법이 있다. 능률이란 시간과 에너지를 가능한 적게 들여 최선의 결과를 얻는 것이다. 열심히 일하고 바쁘게 활동하며 이것저것 시도한다고 해서 성공할 수 있는 것은 아니다. 성공은 제대로 된 일을 할 때, 다시 말해 성과를 가져다주는 일을 할 때 찾아온다.

능률적으로 일하려면 먼저 어떤 일을 해야 우리가 얻으려 하는 성과를 달성할 수 있을지부터 똑똑히 파악해야 한다. 우선 성과를 얻을 수 있는 활동이 무엇인지를 생각해보는 데 시간을 쏟을 필요가 있다. 정말 중요한 일과 그렇지 않은 일을 제대로 구분하지 못하면 시간과 에너지를 낭비할 수 있다. 나의 강점에만 치중하고 나머지 일은 다른 직원에게 위임하도록 하자. 어떤 일을 처리할 때 당신만이 할 수 있는 일인지, 당신만큼 유능한 다른 직원이 처리해도 되는 일인지 생각해보라. 당신이 연봉이 1억인 사람이 5천만 원 정도인 비서가 처리할 수 있는 일에 시간을 쓴다면 자원을 낭비하는 일일 것이다. 직원이 할 수 있는 일을 직접 처리하고 있는가? 남에게 일을 위임하는 것이야말로 능률의 비결이다. 그런데 이것은 쉬운 일이 아니다. 보통 '해야 할 일을 다른 사람에게 설명하는 데 시간이 너무 오래 걸린다. 차라리 내가 직접 하는 편이 더 빠르다'고 한다. 맞는 말일 수도 있지만 시간을 두고 봤을 때 위임을 하는 것이 더 능률적이다.

처음에는 해야 할 일을 남에게 설명할 때 당연히 시간이 든다. 하지만 장기적으로 그래야 오히려 시간이 절약된다. 그 일을 하던 시간을 전문적인 지식의 개발에 투자할 수 있기 때문이다. 처리해야 할 일을 설명해줬는데 상대방이 잘 이해하지 못해서 답답할 수도 있다. 하지만 평생 그 일을 직접 처리해야 한다면 훨씬 더 답답하지 않을까. 일례로 중고자동차 카페를 운영한다고 생각해보자. 해야 할 일이 많다. 우선 큰 그림으로

봤을 때 카페를 만들어야 할 것이다. 카페를 만들기 위해서는 디자이너가 필요하다. 다음에는 카페에 적절한 기능을 설정할 수 있는 개발자나 스텝 관리자가 있어야 한다. 카페가 완성되면 중고차 매물을 올리거나 회원들을 관리하는 스태프도 필요하다. 좀 더 나아가 카페를 알리고 홍보할 수 있는 마케팅 역시 필요할 것이다. 이렇게 간단한 중고차 카페를 운영하는 데도 기본적으로 여러 가지 업무분업이 필요하다. 단순 업무일 경우 남에게 위임하고 위임한 업무를 감독하는 것이 효율적이다. 핵심적인 의사결정이 아닌, 다른 일은 모두 경영진이 아닌 직원에게 위임해야 한다. 자동으로 위임할 줄 아는 능력이 가장 중요한 경영 기법이다.

남이 할 수 있는 업무는 다 위임하라

자신감이 부족한 사람은 남들을 모두 경쟁자로 생각하는 경향이 있다. 자신감이 전혀 없는 사람은 다른 직원이 지식이나 기술을 익힐 기회조차 주지 않는다. 남들이 지식이나 기술을 익히면 조직 내에서 자신의 중요성이 약화된다고 생각하기 때문이다. 그래서 자신이 조직에 없어서는 안 될 사람이라는 인상을 주는 데만 치중한다. 버핏의 며느리였던 메리 버핏은 이렇게 회고했다. "버핏만의 고유한 경영 기법을 한 가지만 대라면 그건 바로 권한을 기꺼이 위임하는 태도다." 그는 다른 CEO가 일반적으로 위임하는 수준을 훨씬 넘어선 권한을 위임한다.

버핏은 다른 CEO들에게 자신에게 편지를 보내는 일이 없도록 하라고 대놓고 부탁할 정도였다. 버핏은 어째서 이처럼 업무를 위임하는 데 다른 사주들과 달리 거리낌이 없을까? 그는 실제로 업계 고유의 사안에 매우 정통하기 때문에 CEO들과 다른 의견을 내놓을 자질이 충분하다.

하지만 자신에게 의사결정에 필요한 전문 지식이 없다는 사실을 잘 알고 있다. 지식의 한계를 스스로 인정하는 것이야말로 그가 지닌 최대 강점 중 하나다. 그는 자신이 할 일은 의사결정을 대신 내려주는 것이 아니라 CEO들에게 동기를 부여하는 것이라 판단했다 또한, 버핏은 업무를 감시하고 결정사안을 꼬투리 잡는다면 CEO들로부터 환영받지 못하리라는 점도 잘 알고 있다.

업무를 곧바로 처리할 만한 시간이 없다면 어떻게 해야 할까? 그렇다면 가끔 회사에 1-2시간씩 일찍 출근하면 어떨까? 다른 동료가 말을 걸어 방해하지도 않고 전화나 이메일 때문에 집중력이 분산되지도 않으니 놀랄 정도로 일을 빨리 끝마칠 수 있다. 가능한 한 프로젝트를 정해진 기한보다 일찍 끝마쳐버리면 윗사람이나 고객도 감동할 것이다. 모든 일이 계획대로 착착 진행되리라는 비현실적인 가정을 토대로 계획을 세워서는 안 된다. '예상치 못했던 일이 닥치리라 예상하라.' 아무리 잘 세운 계획이라도 틀어질 수 있다. 사람이 하는 일이기 때문이다. 성공, 실패, 비능률, 신속한 목표 달성을 가로막는 요인을 분석하는 데 투자하는 시간은 제값을 한다.

능률을 끌어올릴 수 있는 비결은 성과를 얻는 데 결정적인 역할을 하는 활동부터 파악하는 것이다. 그러한 활동에 집중하고 지식과 창의력을 덜 필요로 하는 틀에 박힌 업무는 다른 이에게 위임하도록 하라. 무엇보다 지금 맡은 프로젝트와 프로세스를 지식, 경험, 창의력을 필요로 하는 업무와 그렇지 않은 업무로 나눌 필요가 있다. 후자는 팀에서 경험이 부족하고 그리 유능하지 않은 직원에게 맡겨도 된다. 그리고 항상 자기 자신에게 이런 질문을 던져라. '내가 이 일을 할 수 있는 유일한 사람일까? 아니면 다른 사람이 이 일을 해도 나만큼 또는 거의 비슷하게 해낼 수 있을까?'

업무를 위임하지 않고 '내가 하는 편이 낫겠어!'라는 생각을 접지 않는 한 더 큰 목표를 성취할 수는 없다. 일할 때는 항상 기존에 세운 목표를 달성하는 데 이바지하는 업무를 파악하고, 그 일부터 먼저 시작하는 습관을 길러야 한다. 물론 이는 '시급한' 일을 처리하느라 절절매지 않아야 가능하다. 애초에 맡은 업무를 질질 끌면서 시간을 낭비하지 않고 즉시 처리한다면 일을 시급하게 처리해야 할 상황을 사전에 방지할 수 있다.

우리의 목표는 명료하다. 시간을 많이 들이지 않고도 자동화된 돈벌이 수단을 만들어내는 것이다. 그러므로 현금과 시간을 만들어내는 가장 중요한 일부터 먼저 하자. 일단 팔리는 제품을 가지고 있다면 이제는 그 자체로 운영되고 자율 조정이 가능한 사업 구조를 설계하라.

I BELIEVE IN YOU

BELIEVE IN YOURSELF

BE POSITIVE

유도선수에서 교육사업 CEO가 된 '김영철'

㈜동화세상에듀코 김영철 대표는 원래 유도 국가대표 상비군이었지만 다리 연골 파열로 선수의 꿈을 접었다. 국가대표 선수가 될 날만 기다리다 하루아침에 꿈을 접게 되었을 때는 어찌해야 할지 몰랐다고 회고한다. 그러나 그렇게 한 번 바닥을 쳐본 경험이 교육 사업으로 이끈 원동력이 됐다. 유도 선수로 지내면서 얻은 직관적인 판단력이 큰 역할을 했다.

그는 본인 안의 잠재력을 발견하고 성공한 CEO가 되었다. 김영철 대표는 동화세상에듀코의 탄탄한 입지를 바탕으로 교육 · 유학 · 여행 · 외식 · 무역 · 건설 등을 아우르는 바인그룹을 창립했다.

"동화책과 백과사전을 팔면서 급여는 많이 받았지만 시장의 지속성에 대해 의구심이 생겼다. 새로운 교육시장이 형성되는 것을 목격하고 사업을 시작했다. 그때도 유도를 하면서 배운 결단력과 도전정신이 큰 도움이 되었다. 유도를 하며 얻은 정신력은 내가 인생의 중요한 선택을 할 때마다 옳은 길로 인도하는 길잡이가 되어줬다."

– 참고자료 : 『중앙시사매거진』 2017.02.23.

4

꿈이 있는 사람은 늙지 않는다

01

두려움과 무기력을 피하는 법

"변화는 우리가 누군가와 무엇인가를 기다린다고 해서 찾아오는 게 아니다. 우리 자신이 우리가 기다리던 사람이고 우리가 추구하는 변화다."

— 버락 오바마

두려움의 정의

두려움이란 말의 뜻은 경고, 불안, 무질서에 대하여 우리의 정서 내부에서 야기되는 고통스러운 감정, 혹은 불쾌한 상황에 대한 정서적 반응이다. 인간에게 두려움이란 자신들에게 위험을 알리는 방어적인 감정이라 할 수 있다. 이성적 판단을 앞질러 감각적으로 느끼고 무의식적으로 반응하는 것이 두려움이란 정서다. 그래서 쉽게 인식하지 못하는 경우가 생긴다. 이런 이유로 생각을 하는 인간은 두려움이 무엇인지 판단하지 못한 채, 눈앞에 두려움의 대상이 사라졌음에도 생각 속에서 두려움을 확대하고 증폭시키기도 한다.

두려움이 생존을 위해 중요한 역할을 한다고 해도 인간의 평안과 발전을 방해하는 것은 사실이다. 두려움이 우리를 더 강력하게 장악하는 이유는 그 실체를 잘 인식하지 못하는 경우가 많기 때문이다. 두려움은 무의식적인 영역이기 때문에 그 실체를 쉽게 파악하지 못해 의식이 과대포장하고 증폭시킬 수 있음을 알아야 한다. 나는 운전에 대한 두려움이 있다. 누군가 운전을 배우고 자동차가 생기면 여자친구가 생길 것이라 동기를 유발했다. 이처럼 운전의 필요성을 느끼고 배우겠다고 결심했지만, 막상 운전을 배우는 과정은 쉽지 않았다. 핸들은 뜻대로 돌아가지 않고, 발은 액셀러레이터와 브레이크를 혼동했다.

차선을 변경하는 것은 너무 어렵다. 운전 연습 1시간 만에 머리는 아프고 온몸이 피곤하다. 하지만 이 저항의 중간지대를 극복해야만 비로소 운전할 수 있다. 이 과정에서 포기의 유혹은 계속된다. 지금이라도 그만두고 익숙한 원래 상황으로 회귀하려는 나태함과 욕구가 작동하는 것이다. 이 중간지대를 무사히 건너 운전에 익숙해지면 의식적인 생각 없이도 주행하는 다른 차들과 교통신호에 따라 손과 발이 무의식적으로 반응하게 된다. 중간지대를 극복하면 일체화가 이루어지기 때문이다. 이 단계가 이루어지면 운전이라는 도전은 익숙한 습관으로 자리 잡게 된다.

우리는 왜 변화를 두려워하는가? 변화는 우리를 불편하게 한다. 예측할 수 있고 익숙한 일상에서부터 불확실한 어딘가로 우리를 몰아가기 때문이다. 불확실한 것은, 그것이 무엇인지 알 수 없으므로 통제(control)할 수 없다는 사실이다. 우리는 자신이 제어할 수 없는 상황을 두려워한다. 불확실성이 두려운 이유는 바로 이 때문이다. 이 사실을 이해한다는 것이 변화에 접근하는 가장 중요한 출발점이다.

수년 동안 나를 괴롭힌 막연한 두려움 중에 한 가지는 직장을 그만두면 경력단절이 되고 인생이 망가질 것 같은 두려움이다. 직장을 그만두고 수입이 끊긴 상태를 상상하는 것만으로 두려움이 생긴다. 나는 실제로 내 경력이 엉망이 되었을 때 발생할 수 있는 경우에 수를 생각해보았다. 그렇게 되면 아르바이트를 할 수 있고 내가 다니던 직장이 아니라도 프리랜서로 일을 할 수 있었다. 나는 살아남는 것은 물론이고 내가 있던 자리로 되돌아가는 것도 그렇게 힘들지는 않으리란 사실을 깨달았다.

지금부터 막연한 낙관주의로 위장한 현실에 대해 말하고자 한다. 2가지 상황을 이야기하고 싶다. 40대를 넘기고 제 인생 2막을 준비하는 경우와 50대나 60대를 넘기고 인생 2막을 준비하는 경우를 비교해보겠다. 30대 중반에 결혼을 했다고 가정해보자. 보통 40대가 되면 자녀가 있을 것이다. 기본적으로 소비되는 지출과 자녀 양육 및 교육비 때문에 현재 다니고 있는 직장을 그만두는 일은 엄두도 못 낼 것이다. 50대와 60대에는 자녀가 성장해 대학교를 졸업한다. 그리고 결혼을 하게 되면 부모 입장에서 어떻게든 도와주려 할 것이다. 이렇게 자녀 양육과 이벤트로 인해 돈과 시간이 소비된다. 자녀가 출가할 때쯤 은퇴를 하게 되면 문제가 더욱 심각해진다. 자녀가 큰 문제없이 취업하고 출가를 하면 괜찮은데 그렇지 못할 경우가 생기기도 한다. 게다가 엎친 데 덮친 격으로 생각보다 빨리 회사에서 집으로 돌아오면 쉽지 않은 현실에 무너질 수도 있다.

용기의 정의

용기란 두려움을 느끼지 않는 것이 아니라 두려움을 쫓는 긍정적인 행위를 뜻한다. 따라서 두려움이 없다면 용기도 없는 것이다. 두려움과 용기는 동전의 양면이다. 두려움은 예측할 수 없는 변수들 때문에 생겨난다. 따라서 용기는 자신에게 많은 정보를 제공하고 믿는 자신감에서부터 온다. 자신감은 성공에 이르는 목표를 세우고 이를 성취하기 위해 조직적으로 준비하는 철저함에 의해 만들어진다.

용기란 재산처럼 선조로부터 물려받는 것이 아니라 살아가면서 만들어가는 것이다. 지금껏 성실하게 살아온 나는 스스로 힘든 상황에서도 잘해낼 수 있을 거란 믿음이 있다. 반면에 내 생각대로 되지 않을 때, 주위에 대한 시선과 고정적인 수입이 없을 때의 두려움이 동시에 존재한다.

가장 부정적 변화는 죽음일 것이다. 인간이 죽음을 받아들이기까지의 반응은 그 진행 과정에 따라 매우 다르지만, 여기에는 일종의 공통적 패턴이 있다. 만일 단계마다 달라지는 공통적 반응에 적절한 대응을 할 수 있다면 변화의 각 단계를 효과적으로 관리할 수 있을 것이다. 한 사람이 병원에서 정기 검진을 해서 암이라는 진단을 받았다면 그의 반응은 어떠할까? 우선 엄청난 충격을 받을 것이다. 최초의 반응은 믿을 수 없다는 표정이다. 그래서 정밀 진단을 요구한다. 또는 다른 병원을 찾아가 다시 검사를 받는다. '거부'의 단계이다. 그러나 다시 검사해도 암은 확실하다. 그는 모든 사람에게 화를 낸다. '다른 사람들은 다 잘만 사는데 왜 나에게 이런 일이 생긴단 말인가? 내가 무슨 잘못이 있단 말인가?' 분노에 휩싸이면 병원에서 치료받는 것도 설득시키기 어렵다.

거부의 단계에서 분노의 단계로 옮겨간 것이다. 그러나 시간이 지나면 스스로 타협한다. 이것은 현실을 '인정'하고 '체념'하면서 가능해진다. '이왕 벌어진 일이니 최선을 다하면 나을 수 있을지 몰라. 의술은 하루하루

나아지고 새로운 항암제 개발이 진행되고 있으니 한번 해보는 거야. 이렇게 그냥 갈 수는 없어.' 그는 입원하고 의사의 말에 충실하게 따른다. 그러나 시간이 흘러 몸의 고통을 느끼며 '절망'에 빠지기 시작한다. 자기 병을 더 부인하지 못하게 될 때, 증상이 뚜렷해지고 몸이 눈에 띄게 쇠약해질 때 환자는 더 웃어넘기지 못하는 단계에 이른다. 그는 이제 지나간 삶을 돌아보고 용기를 내어 죽음을 받아들일 준비를 한다. 종말과 함께 새로운 세계에 대한 희망을 품으며 죽음을 진심으로 받아들인다. 이것이 '도전과 화해'의 단계이다.

이처럼 인생에서 준비되지 않은 은퇴는 죽음을 받아들이는 과정과 비슷하다. 지금 어렵지 않은 사람은 없다. 이 시기는 언제가 끝이 날 거라고 하지만, 1년이 걸릴 수도 있고 2년이 걸릴 수도 있다. 내게 지금 필요한 것은 그때를 위해 지금을 견뎌내는 것이다. 그러나 단지 견뎌내기만 해서는 안 된다. 달라질 미래를 위해 지금부터 준비해야 한다. 미래에 원하는 것 중에서 내가 하고 싶은 것을 찾아내 지금부터 시간을 투자해야 하는 것이다.

나는 생각 없이 살다 보니 나를 위해서 시간을 투자한 적이 없다. 그래서 나는 내 운명을 다른 사람 손에 맡기고 상황이 좋아지기만을 기도했다. 그러나 막연하게 생각했던 대로 위기가 다가왔다. 당장은 가족을 위해 하루에 10시간씩 내가 하기 싫은 일을 해야 할지도 모른다. 그러나 우리가 이렇게 예정된 불행에 대해 인지하고 하루라도 빨리 나를 위해 시간을 배정하고 내가 가장 잘할 수 있는 재능을 발견하여 원하는 일을 하게 된다면 우리는 예정된 막연한 현실을 반전시키고 미래를 변화를 통한 밝은 인생으로 완성할 수 있을 것이다.

02

은퇴 시 최악의 인생 시나리오는?

"이성적인 사람은 자신을 세상에 맞추려고 하다. 비이성적인 사람은 세상을 자기에게 맞추려는 노력을 관철시킨다. 그렇기 때문에 모든 진보는 비이성적인 사람에게 달려 있다."

– 조지 버나드 쇼

실업이 개인 가정에 끼치는 영향

어제 남편이 저녁에 퇴근하고 들어왔습니다. 평소와 다르게 침울한 느낌을 받았습니다. 남편이 소리 없이 울고 있습니다. 남편은 아무 말도 안 했지만 무슨 일이 일어난 것인지 알 수 있었습니다. 저는 지금 정신적으로 매우 충격을 받았습니다. 어느 한 남자가 매출 규모가 큰 기업에 면접을 보았습니다. 그는 어렵게 인터뷰에 성공하여 일자리를 얻었습니다. 이 회사는 복지에 대해서 자녀가 있는 경우 대학까지 자녀교육비를 지원해준다고 합니다. 그에게 지방으로 가서 업무를 해줄 수 없느냐고 제안합니다. 그는 집을 팔았습니다. 그의 아내는 보수가 높은 일자리를 포기하고 그곳으로 함께 갔습니다.

그들은 처음 집을 임대했습니다. 그리고 1년이 지난 뒤에 집을 샀습니다. 아내는 임신했고 부부는 태어날 아이를 즐겁게 기다렸습니다. 그는 회사를 위해 열심히 일했습니다. 하루에 10시간씩 야근도 마다하지 않았습니다. 일하는 것을 좋아했습니다. 그의 일자리에 그의 꿈과 그의 가족에 미래가 달려 있었기 때문입니다. 열심히 일한 결과 승진도 하고 그가 원하는 목표를 달성했습니다. 그런데 이제 그는 사들였던 집을 팔아야 합니다. 그와 임신한 아내는 다시 이사를 해야 합니다. 회사에서 경영상의 이유로 다른 일자리를 알아보기를 권고했기 때문입니다. 그의 가족은 어떻게 될까요? 또 아이와 가족의 미래는? 이런 회사를 믿고 회사를 위해 열심히 일한 그와 회사를 신뢰해서 주어진 모든 기회를 포기하고 내려온 우리 가족은 어떻게 해야 할까요? 저는 몹시 당혹스럽습니다.

어느 아내의 편지

이것은 어떤 이의 아내가 쓴 편지로 가상의 내용일 수도 있고 현실에서 벌어지는 일이지만 너무 개인적인 내용이라 알려지지 않은 사실일 수도 있다. 내가 지금 말하고자 하는 바는 이런 일들이 어느 개인의 잘못이나 회사의 잘못이 아니라 세상이 자본주의의 이치에 따라 돌아가고 있으므로 국가나 회사 차원에서 상시적으로 일어날 수 있다는 점이다. 최소한의 보호장치가 마련되지 않은 상황에서 경제원리나 경영상의 이유로 벌어지는 일들이 사람들에게 고통이 될 수 있다. 구조조정이란 기업에도 어려운 일이지만, 특히 일자리를 잃은 직원에게는 당장 가족의 생계가 달린 문제로 그는 미래를 상상할 수 없게 만드는 충격을 받고 심리적으로 무력감에 시달릴 수도 있다. 아침에 눈을 떠서 9시까지 출근할 곳이 없다는 사실, 그저 관성적으로 출근하는 게 끔찍하기만 했던 직장에서 많은 시간을 그곳에서 보냈다는 사실을 거꾸로 깨닫게 된다.

실업은 지금 한국사회가 당면하고 있는 심각한 현실이다. 뉴스 기사에서는 매년 실업자 수당이 최고치를 경신한다. 이전에 우리나라에 경제발전을 이끌었던 산업은 대부분 중국에 따라잡히고 있다. 예전에 짝퉁이라는 이미지로 무시했던 중국제품이 기술력도 발전하고 가격경쟁력에서 우위를 점하기 시작하면서 우리나라 제품에 장점이었던 실용적인 경쟁력마저도 하나둘씩 따라잡히고 있다. 처음에는 철강조선업이 그러더니 이제는 전반적인 전자제품에서도 국제적인 경쟁력을 잃어 가고 있다. 아직 반도체 산업은 삼성이나 하이닉스가 앞서고 있지만 무섭게 따라오는 중국 기술력과 발전속도에 수출경쟁력이 있던 산업이 설 자리를 잃어가고 있다. 중국과 미국에 국제 관계 역시 약소국인 우리나라에 많은 영향을 미치고 있다. 이런 사회 전반적인 문제들이 중소기업에 영향을 미치면서 자연스럽게 실업률은 늘어나고 있다.

경쟁은 더욱 치열해지고 회사에서 근무할 수 있는 시간은 점점 줄어들고 있다. 반면 의학에 발달로 사람들의 수명은 점점 늘어나고 있다. 늘어난 수명만큼 일할 수 있는 시간도 늘어나야 하는데 어떻게 된 일인지 기술이 발달하고 지식산업으로 변해가면서 사람들이 일할 수 있는 자리는 점점 줄어들고 있다.

어떻게 살아남아야 할 것인가? 직장은 영원하지 않다. 이제는 모든 근로자가 자신의 일자리가 영원하지 않을 것이라는 사실을 알고 있다. 산업혁명과 함께 시작한 오늘날의 직장의 모습은 산업사회가 막을 내리고 있는 지금 다른 형태로 변해가고 있다. 통계에 따르면 매년 200만 개 이상의 일자리가 없어진다고 한다. 반면 새롭게 창출되는 일자리는 대부분 저임금이거나 임시직들이다. 고임금 일자리의 상실은 이제 먼 나라의 이야기가 아니다.

개인이든 기업이든, 불확실하고 익숙하지 못한 환경 속에서 새로운 위험성을 피하게 마련이다. 대체로 가장 잘 알고 있는 위험성을 선택한다.

이것은 현명한 선택일 수 있다. 그러나 유감스럽게 이러한 선택은 전환기 경제가 주는 새로운 기회를 활용할 수 없게 만든다. 사업성이 입증되지 않은 벤처사업에 투자하면 거지가 될까 봐 두려워한다. 자기와 다르게 생각하고 행동하며, 다른 의사결정을 내리는 사람을 믿기 두렵기 때문에 인재는 늘 부족하다. 또 그들은 무형의 자산에 투자하는 것을 두려워한다. 단기적 수익을 내지 못한다고 생각하기 때문이다. 우리는 모두 위험성으로부터 자신을 보호하는 과정에서, 친숙하지 못한 것과 불확실한 것은 회피한다. 그러나 중요한 것은, 누구든 친숙하지 않고 확실하지 않은 것을 관리하는 법을 배우지 않고는 새로운 기회를 만들어낼 수 없다는 사실이다.

자신의 숨은 역량을 발견하고 개발하라

위험성을 많이 지지 않고도 충분한 보상을 받을 방법을 모색하지 않으면 안 된다. 이것이 바로 현재 안고 있는 제약을 극복하고 새로운 기회를 잡는 근본적인 방법이다. 그것은 자신의 특유한 자산을 발견하고 집중적으로 시간을 투자해 역량을 극대화하는 것이며, 이에 상응하는 경제영역을 찾아내어 융합을 모색하는 길이다. 예를 들어 직장생활을 하다가 결혼을 하게 되어 경력이 단절된 여성이 있다고 가정해보자. 그녀는 아이들을 키우면서 기존에 다니던 직장에 재취업하는 일이 쉽지 않다는 것을 깨닫게 된다. 현재 안고 있는 제약을 극복하면서 새로운 기회를 잡는 것은 주어진 상황에서 자신의 특성을 살려 최대한 경제영역에서 이익을 창출할 수 있어야 하는 일로, 결혼하지 않은 여성과 경쟁하거나 다른 틈새 시장을 개발해서 자신만의 특성을 살려 역량을 극대화시켜야 가능하다.

또 다른 예로 50대 은퇴를 했다고 예를 가정해보자. 기존까지 꾸준히 해왔던 업무로는 경쟁력이 없다. 그리고 기존에 받던 대우를 기대하기도 어렵다. 이때 우리가 모색할 수 있는 일은 기존에 했던 일의 전문성을 살려서 할 수 있는 일을 찾는 방법과 전혀 다른 분야에서 자신의 재능을 찾는 방법이 있을 것이다. 우리는 어느 시점이 되면 은퇴를 하게 된다. 기존에 했던 일의 전문성을 살려 가치를 창출할 수 있으면 더할 나위 없이 좋을 것이다. 하지만 우리가 전혀 새로운 분야에 위험성을 가지고 도전하게 된다고 해도 자신의 재능과 이제껏 해온 일의 기본적인 전문성을 연결해서 생각하고 분석할 수 있다면 자신만의 특별한 영역을 찾아낼 수 있을 것이다.

새롭게 도전하는 일은 당연히 어려울 것이다. 그러므로 좋아하는 분야이면서 타고난 기질 역량, 재능과 결합을 할 수 있는 활동에 꾸준히 도전해보라. 인간은 자신에 대해 잘 모른다. 자기가 진정 좋아하는 것이 무엇인지, 어떤 재능을 타고났는지 잘 모르듯이, 우리는 자신에 대하여 잘 모르고 있다. 우리는 때때로 우리가 되고 싶은 그 사람이 아닐 수도 있다. 하지만 주어진 최악의 상황에서 자신의 재능을 찾으려는 노력을 꾸준히 한다면 반드시 진정 자신만의 타고난 재능을 발견하고 개발하여 사회적 인정과 경제적 부를 누릴 수 있을 것이다.

03

당신이 하고 싶은 일을 하라

"내 삶의 모든 순간은, 내 삶은 나에게 일어날 수 있는 모든 일과는 별개로 이전처럼 무의미하지도 않을뿐더러 의심할 나위 없이 선한 의미를 지니고 있다. 나에게는 그런 의미를 부여할 힘이 있어."

— 톨스토이

시간과 가능성은 반비례한다

당신은 무엇을 원하는가? 이 질문을 내게 한다면 내 답은 단순하다. 지금 이 순간에 즐겁고 의미 있는 일을 하면서 미래에 대한 불안 없이 현재를 사는 것이다. 우선 시간에 대해 이야기해보자. 삶은 시간으로 이루어져 있다. '지금 시간을 낸다는 것'은 자신의 시간을 중요한 일에 쓸 수 있는 것을 말한다. 중요한 일에 시간을 쓰지 못하면 그 시간은 자신의 소유가 아니다. 그것은 당신에게 그 일을 시킨 사람의 시간이 된다. 먹고 살기 위해 시간을 팔았다 그것은 자유를 판 것이며 내가 내 삶을 위해 시간을 낼 수 없다는 의미이다.

인간의 가능성은 시간의 흐름과 비례해서 그 가능성은 축소된다. 태어나는 순간 무엇이든 될 가능성을 가진 존재였지만 성장하는 과정에서 가능성은 서서히 줄어든다. 청년기를 지나 장년기에 접어들면 가능성은 더욱 줄어든다. 노년기가 되어 이제 죽음을 맞이하여 숨을 거두는 순간 가능성은 제로가 된다. 인간에게 행복은 중요하다. 그러나 그것은 구하던 것을 얻었을 때 채워지는 것이 아니다. 만일 그렇다면 다 쓸 수 없을 만큼 많은 돈을 가지고 있는 사람은 행복해야 한다. 적어도 돈을 벌기 위해 자신이 가지고 있는 모든 시간을 써버린 사람은 행복해야 한다.

우리는 가끔 인생은 현재의 가치를 간과한다. 우리는 늘 과거에 사로잡혀 있거나 미래에 대한 망상으로 가득하다. 지금 나는 컴퓨터 책상에 앉아 타자기를 두드리며 글을 쓰고 있다. 글을 쓰고 있는 이 시간도 금방 지나갈 것이다. 하지만 다시 글을 쓸 것이다. 현재는 지금이라는 순간들이 모여 만들어진다. 그래서 우린 언제나 '지금 이 순간'을 살고 있다. 이런 단순한 대답을 알고 있는데도 왜 이렇게 우리를 위해 지금 이 순간을 내는 게 쉽지 않은 걸까? 즐겁게 일을 한다는 것이 단순하지 않기 때문이다.

사람마다 가치관과 삶에 목적은 다르지만 대부분 삶의 의미를 생각할 때 일과 시간에 대해 생각한다. 일은 사람들에게 정체성과 가치, 목적을 부여하는 중요한 원천이기 때문이다. 시간을 보낼 일거리를 주고, 자존 감을 높이고, 사회에 이바지하고 가족을 부양할 기회를 준다. 일자리를 잃으면 생계수단만 잃는 것뿐만 아니라 삶에 의미를 포함한 강력한 원천 까지 함께 잃는 것이다. 사람에게 정체성과 가치를 느끼는 기준은 다르 다. 또 이미 가치의 잣대를 갖고 있는 사람이 있는가 하면, 뒤늦게 가치 를 발견하는 사람도 있고, 영원히 발견하지 못하는 사람도 있다. 뒤늦게 가치를 인식하고 자신의 일생을 전면적으로 부인할 수밖에 없는 사람들 은 불행에 빠질 수도 있다.

문득 '내가 나를 위해 온전히 산 날이 얼마나 될까?'라는 생각을 하게 되었다. 사람은 보통 학교를 졸업하고 면접을 보고 취업을 한다. 직장생 활을 하다가 이성을 만나 결혼을 한다. 결혼 후 자녀를 낳아 부모가 되어 아이들과 가정을 위해 평생 일한다. 아이들이 자라 학교에 들어가고 학 교를 졸업한다. 자녀들이 면접을 보고 직장에 들어가고 이성을 만나 결 혼을 한다. 나이가 들어 더 일을 못 하게 되면 은퇴를 한다. 이런 삶에서 가장 소중한 것이 무엇인지 묻는다면 아이들이 건강하고 행복하게 사는 모습을 보는 게 아닐까 싶다. 삶의 의미를 부여하는 것은 각자의 몫이며 가치는 자신이 선택하는 것이다.

인생에 주어진 의미 찾기

알베르 카뮈는 자신의 책 마지막에 고대 그리스 영웅 시스포스 이야기를 소개하며 이 점을 설명한다. 시시포스는 바위를 산꼭대기까지 옮긴 뒤 정상에 닿기 직전에 아래로 굴려 떨어뜨리는 신의 형벌을 받는다. 시시포스는 이 의미 없는 일을 평생 계속한다. 이런 점이 우리의 삶과 닮았다. 시시포스가 바위를 굴리며 버텨낸 삶보다 무의미한 삶이 또 있을까? 하지만 카뮈는 시시포스의 삶이 대단히 가치 있다는 사실을 말한다. 카뮈가 말하는 의미 있는 삶을 살기 위해서는 부조리에 맞서는 태도가 필요하다고 생각했다. 부조리란 철학에서 '의미를 전혀 찾을 수 없는 것'을 뜻한다. 시시포스는 산기슭에 돌아올 때마다 선택에 맞닥뜨린다. 포기하느냐, 계속하느냐? 시시포스는 힘든 길을 택한다. 과업을 받아들이고 바위를 산 위로 밀어 올리는 고통스러운 작업에 매진한다. 내가 시시포스라면 그렇게 할 수 있을까? 시시포스는 신들을 경멸하며 자기 운명의 주인이 된다. 카뮈는 이렇게 말한다. "그 바위가 시시포스의 삶의 의미와 목적을 부여한다. 시시포스의 노동은 쓸모없어 보이지만 그 일을 대하는 시시포스의 당당한 태도가 노동의 의미를 부여한다." 나에게 바위는 무엇일까? 왜 고통 속에서 정상을 향해 노력할까? 일을 향해 가는 노력 그 자체만으로도 가치가 있다는데 이해하기 어려운 내용이지만 우리의 삶과 닮아 있다. 큰 바위는 우리를 짓누르고 있는 삶의 무게 같다.

사실 나는 시시포스 이야기보다 어린 왕자의 이야기를 좋아한다.

여우 : "난 너와 함께 놀 수 없어 나는 길들어 있지 않으니까."

어린 왕자 : "'길들인다'는 게 뭐지?"

여우 : "네가 나를 길들인다면 나는 너에게 이 세상에서 오직 하나밖에 없는 존재가 될 거야. 우린 우리가 길들이는 것만을 알 수 있는 거란다."

어린 왕자 : "그럼 어떻게 해야 하는 거지?"

여우 : "참을성이 있어야 해. 언제나 같은 시간에 오는 게 더 좋을 거야. 이를테면 네가 오후 4시에 온다면 난 3시부터 행복해지겠지. 4시에는 흥분해서 안절부절못할 거야 그래서 행복이 얼마나 값진 것인지를 알게 되겠지! 아무 때나 오면 몇 시에 마음을 곱게 단장해야 하는지 모르잖아. 의례가 필요하거든."

어린 왕자 : "의례가 뭐야?"

여우 : "그건 어느 하루를 다른 날들과 다르게 만들고, 어느 한 시간을 다른 시간과 다르게 만드는 거지."

그리고 여우는 어린 왕자에게 그 장미가 수많은 장미 중 한 송이가 아니라 특별한 장미인 이유에 대해 말해준다. "네가 장미에 쏟은 시간이 너의 장미를 그토록 소중하게 만드는 거야. 너는 네가 길들인 것을 영원히 책임져야 해." 그렇게 관계를 만드는 것과 책임감을 가르쳐준 것이다.

인생이란 하고 싶은 일을 하기 위해 주어진 시간이다. 그리고 그 의미의 해석은 각 개인에게 달려 있다. 나는 다양한 사람에게 일에 대한 의미를 물어봤다. 어떤 사람에게 일은 월급 받는 것 그 이상 이하도 아니었다. 또 다른 이에게는 자신이 좋아하는 일을 하면서 경제적 시간적 자유를 얻을 수 있는 활동이라고 말했다. 교육을 직업으로 삼고 있는 이는 잘하고 좋아하는 일을 직업으로 가지라고 아이들에게 가르친다고 대답해주었다. 또 창의적인 활동을 하는 사람은 직업을 나 자신이라고 표현했다. 내가 원하는 일을 하고 그 활동을 통해 가치를 창출하고 선한 영향력을 끼칠 수 있는 활동이라고 정의했다. 당신이 진정으로 원하는 것에 주어진 시간을 쏟고 자신을 완성해가는 과정에서 의미를 찾아낼 수 있기를 바란다.

I BELIEVE IN YOU

BELIEVE IN YOURSELF

BE POSITIVE

가수 겸 배우이자 패션디자이너인 '임상아'

임상아 씨는 탤런트 겸 가수이자, 현재는 패션 디자이너이다. 그녀는 MC로 먼저 데뷔한 후 연기자로 활동하기 시작했고, 1996년에는 '뮤지컬'이라는 노래로 큰 인기를 끌었다. 그러나 2년 후, 3집 활동을 마치고 미국 뉴욕으로 건너가 2001년부터 파슨스 디자인 스쿨에서 2년간 패션 비즈니스와 드로잉을 배웠다.

그녀는 유명 스타일리스트의 조수로 옷 가방을 나르는 밑바닥 생활부터 시작해서 미국 『보그』잡지의 패션 스타일팀의 스타일리스트로서 경력을 쌓았다. 그리고 2006년에 본인의 이름을 딴 가방 브랜드 '상아(Sana A)'를 런칭했다.

임상아는 14년차 CEO로 패션,마케팅 사업을 하고 있다. 디자인과 마케팅의 총 책임자 역할을 맡는다. 10년 뒤에는 가방에 이어 신발 등 패션 액세서리도 만들어 'SANG A'라는 이름의, 라이프스타일을 완성할 수 있는 기업으로 성장하는 것이 최종 목표라고 한다.

"없던 길을 만들고 바로 전진한다. It's not DEFINITION. 어떤 길이든 만들어가야 해요. 그리고 뭔가 실천하는 게 중요하죠."

– 참고자료 : 〈topstarnews〉 2019.03.06. 〈LG Challengers〉 2011.09.19.

04

당신은 생각보다 훨씬 위대하다

"어려운 직업에서 성공하려면 자신을 굳게 믿어야 한다. 이것이 탁월한 재능을 지닌 사람보다 재능은 평범하지만 강한 투지를 가진 사람이 훨씬 더 성공하는 이유다."

– 소피아 로렌

나는 나에 대해 무엇을 알고 있는가?

어릴 적 내 일기장에는 어린 시절 나의 고민이 적혀 있었다. 시간이 한참 흐른 후에 그 일기장을 다시 읽었을 때는 아주 작은 일로 잠 못 이루고 힘들어하는 어린 내가 있었다. 그 시절 희망과 갈등으로 고민하는 감정과 생각이 일기장에 고스란히 적혀 있었다. 언제부터인가 일기를 쓰지 않았다. 귀찮아서일 수도 있고 나에 대해 일기를 쓰는 일이 큰 의미가 없다고 생각이 들었기 때문인지도 모르겠다. 40세가 되어서 나는 일기장 대신에 글쓰기를 시작했다. 일상을 아무 생각 없이 관성처럼 살다 보면 익숙한 것에 대해 반사적으로 행동한다. 20대 시절에만 해도 작은 일에 많이 웃고 새로운 것에 감동하고 즐거웠는데 시간이 흐를수록 많은 것이 새롭지 않고 예전에는 감사하고 기쁘게 생각했던 일들도 무덤덤하게 여기게 된다. 그렇게 세상 많은 일들로부터 익숙해진다.

인간은 자신에 대해 잘 모른다. 자기가 진정 좋아하는 것이 무엇인지, 어떤 재능을 타고났는지 잘 모르는 것에서 알 수 있듯이, 우리는 우리 자신에 대해 잘 모르고 있다. 우리는 그렇게 하리라 생각하는 대로 행동하지 않을 때도 있다. 우리는 때때로 우리가 되고 싶은 바로 그 사람이 아닐 때도 있다. 우리는 주변인들에게 말한 그대로 행동하지도 않는다. 우리는 우리의 진짜 생각을 말하지 않을 때도 많다. 그저 가장 그럴듯한 답변을 하는 경향이 있다. 그리고 실제로는 다르게 생각하고 다르게 행동한다.

자신에 대해 알기 위해서는 어떻게 해야 할까? 책을 읽거나 글을 쓸 때 나는 책의 저자와 대화를 하거나 나에 대해 돌아보게 된다. 새로운 생각이나 의식을 확장할 때 나보다 더 합리적인 생각을 책을 통해 접하면 내 생각을 고쳐 쓰거나 예전의 생각과 합쳐 조금 다른 결론을 내기도 한다. 가끔 친한 친구들과 대화를 나누는 도중에 지금 내가 어떤 감정이고 어떤 생각을 하는지를 알게 되기도 한다. 하루를 살아가며 일주일을 살아가며 한 달을 살아가며 수많은 생각과 일을 하지만 정작 내가 무슨 생각을 하며 살아가고 있는지 잘 모른다. 가끔은 나도 내가 궁금하다.

보통 사람들은 눈에 보이는 세계, 즉 현실만 본다. 현실만 보기에 보이지 않는, 눈에 보이지 않는 것은 믿지 않는다. 그래서 이들은 한계라는 감옥에 갇혀 살아가게 된다. 세상을 바꾸는 사람들은 이상주의자이다. 보이지 않는 세계, 즉 비전을 볼 줄 알아야 한다. 이상은 미래에 대한 예언이자 내가 실현할 것에 대한 설계도이다. 보통 사람들은 대부분 현실주의자이다. 이들은 자신이 목표하고 계획하는 일들의 결과가 마치 수학 공식처럼 딱 맞아떨어져야만 실행하는 사람들이다. 조금이라도 실패할 확률이 있다면 시도하지 않거나 포기한다. 그 대신 누군가가 만들어놓은 조직이나 직장 안에서 자신의 능력을 발휘하는 쪽을 택한다.

내 친구 중에 뛰어나 능력을 갖추고 있는 사람이 있다. 다만 자신이 뛰어난 능력을 갖추고 있음에도 그 능력을 전부 발휘하지 못한다. 그 친구의 잠재능력은 너무나 놀라운데 남의 눈치를 보거나 현실에서 실패가 예상되는 일은 잘 시도하지 않기 때문에, 능력이 계발되거나 활용되지 못하고 감소한다. 모든 사람은 원하는 삶을 살 수 있는 능력을 갖추고 있다. 자신의 능력을 발휘하기 위해서는 자신의 능력과 잠재능력에 대해 자각해야 한다. 내가 하는 생각과 말이 내가 원하는 것을 끌어온다는 것을 인지해야 한다. 그러므로 더욱 긍정적인 생각과 말을 선택해야 한다.

평범하게 살 때는 주위 사람들의 저항이 거의 없다. 그러나 주위 사람들과 다르게 꿈을 향해 나아갈 때 저항이 생기기 시작한다. 보통 사람들은 스스로 꿈을 실현한 경험도 없다. 그래서 무조건 안 될 이유만 들어서 반대하고 포기한다. 심지어는 자기 자신에 대해서도 부정적인 생각을 가지고 있다. 분명히 그 이상의 능력을 갖추고 있음에도 본인 스스로 그 한계를 지정하고 그 안에서 안주한다. 우리는 자신이 체험할 것이라고 기대하는 것을 체험한다. 기대한 것보다 못하면 실망하고, 그보다 좋으면 만족한다. 객관적 진실보다 주관적 기대에 따라 일이 좌우된다. 따라서 당신이 열정을 가지고 그렇게 믿고 행동하면 정말 그 일이 일어나게 된다.

당신은 당신의 생각보다 위대하다

빛나는 인생을 산다는 것은 좋은 일이다. 그것은 열중하는 것이다. 열중할 수 없다면 그 일은 자기 일이 아니다. 가슴 설레고 살아 있다는 통쾌한 전율이 없다면, 우리는 신이 우리에게 준 일을 하는 것이 아니다. 기다려야 할 때도 있다. 그러나 언제나 자신에 대해 깨어 있어야 한다.

자신과 우정을 나눌 수 없는 사람은 누구와도 나눌 수 없다. 자신을 잘 모르는 사람은 인간을 이해할 수 없다. 그들은 결국 다른 사람이 규정한 대로 살 수밖에 없다. 규정당하기 때문에 그들은 더는 자기 자신으로 남아 있을 수 없게 된다. 살면서 그런 열중의 순간이 찾아오면, '지금이 바로 그때'라고 여길 수 있어야 한다. 그때를 놓치면 다시는 운명과 만날 수 없다. 그때 그 순간이 자신의 운명이 되게 해야 한다.

사람은 과거와 현재를 비교했을 때 모든 면에서 성장하고 나아져야 한다. 그의 현재를 과거와 비교했을 때 얼마나 달라졌는지를 객관적으로 관찰해보면 알 수 있다. 과거보다 현재가 현저히 나아졌다면 미래 역시 빠르게 발전할 가능성이 크다. 서서히 나아지고 있다면 미래에도 역시 서서히 좋아지게 된다. 물론 그러다가 어느 순간에 비약적으로 성장할 수도 있다. 만약 그 사람의 과거와 현재를 비교했을 때 그대로 머물러 있거나 오히려 퇴보했다면 그의 미래 역시 그럴 가능성이 크다. 미래는 현재와 이어져 있기 때문이다.

평범한 사람과 비범한 사람이 따로 있지 않다. 그들은 같은 사람이다. 달라진 것이 있다면 인생에 대한 태도뿐이다. 내가 아닌 남이 되는 것을 포기하는 그 순간부터 우리는 승리하기 시작한다. 보통 사람은 일상에 매여 평생을 산다. 일상은 우리에게 주어진 물리적 시간이며 현재이며 살아가는 순간이다. 나는 일상을 규정하고 일상의 폭과 깊이를 바꾸어갈 수 있기를 열망한다. 열망은 마음속 깊은 곳에 욕망이 있으므로 생겨난다.

욕망이 없는 삶은 기쁘지 않다. 모든 사람이 욕망과 화해하고 대항해 싸우는 성인이 될 필요는 없다. 나는 욕망을 사랑한다. 욕망만큼 강력한 동기는 없다. 일상의 삶은 그것으로부터 힘을 얻는다. 내가 하고 싶은 일을 할 때 비로소 살아가는 기쁨을 얻게 되는 것이다. 삶이 어려운 것은 가난하기 때문이 아니다. 욕망이 죽어가기 때문이다. 직장생활이 힘든 것은 지루하기 때문이다. 내가 하고 싶고 즐거운 일을 할 수 있다면 직장생활이 힘들게 느껴지거나 괴롭지 않을 것이다. 병은 마음에 있다. 욕망을 잃은 삶은 죽은 것이나 마찬가지다. 재미가 없는 것이다.

우리의 황금 씨앗은 이미 우리가 가지고 있다. 마음이 흐르는 대로 하고 싶은 것을 찾아 모든 시간을 거기에 소모해보라. 인생은 그렇게 만들어지는 것이라고 믿는다. 그때 자신의 삶이 무엇인지 비로소 말할 수 있게 된다. 나에게 주어진 시간을 온전히 나를 위해 '소모'할 때 시간이 아깝거나 인생이 지루하게 느껴지지 않는다는 것을 알게 된다. 그러므로 절실한 욕망은 흐르는 대로 놓아두어야 한다. 깊은 내부에서 자연스럽게 흘러나와 감동으로 휘몰아치는 욕망을 받아들일 때 자연스럽게 내가 하고 싶은 것과 자아를 발견하게 된다. 우리는 남의 시선으로부터 자유롭게 생각하고 내 안의 욕망을 따라가기 시작하면 우리의 에너지를 온전하게 자신에게 쓸 수 있게 된다. 우리는 우리의 생각보다 위대한 사람이다.

05

당신 스스로를 굳게 믿어라

"아브라함이나 그 후손에게 세상의 상속자가 되리라고 하신 언약은 율법으로 말미암은 것이 아니요 오직 믿음의 의로 말미암은 것이니라."

– 로마서 4장 13절

믿음에 대한 정의

믿음의 사전적 의미는 어떠한 가치관, 종교, 사람, 사실 등에 대해 다른 사람의 동의와 관계없이 확고한 진리로서 받아들이는 개인적인 심리상태이다. 종교에서는 믿음은 보이지 않는 것을 믿기 때문에 아직 나타나지 않아도 참고 기다려야 한다고 가르친다. 성숙한 믿음은 보이지 않는 것을 믿고 소망하는 것이다. 종교에서는 소망이라는 말을 사용하지만, 일반적으로 희망이라는 말로 사용한다. 사실 희망은 아직 현존하지 않지만, 미래에 실현되기를 기대하고 앞으로 나아갈 수 있는 원동력이 된다. 사람이 힘든 상황에서도 견딜 수 있는 것은 현실은 괴롭고 힘들지만, 미래에 희망이 있고 좋아질 수 있다는 기대감이 있기 때문이다. 절망은 이런 희망이 보이지 않을 때 시작된다.

직장생활을 하다 보면 힘든 일상이 반복된다. 직장생활이 적성에 맞고 재미있으면 괜찮지만 그렇지 않으면 회사에 일하는 시간이 지옥이 된다. 우리는 하루 대부분의 시간을 직장에서 보내기 때문에 직장생활이 힘들게 되면 삶의 균형이 무너진다. 그러므로 최악의 경우 우리는 이직과 퇴사를 고려하게 된다. 평생 우리는 직업 선택과 이직, 퇴사 과정을 반복하며 자신의 직업을 찾아간다.

'내 꿈은 회사원이 아니었는데 벌써 10년째 회사만 다니고 있다, 퇴사하고 어영부영 3개월이 지났는데 나는 무엇을 한 것일까?' 퇴사가 직장에서 받던 스트레스를 없애줄 순 있지만 아무런 준비 없이 나왔다가는 더 큰 지옥을 맛볼 수 있다. 퇴사는 경제적으로 무기력감과 함께 나의 자존감까지 무너뜨릴 수 있다. 우리는 직장생활을 하며 퇴사 이후 삶에 대해 꼼꼼히 계획을 세우고 준비를 해야 한다.

나는 이번 달 퇴사하기로 했다. 이유는 여러 가지가 있지만 현재 다니는 직장에서의 삶이 불만족스럽기 때문이다. 누군가에게는 무책임한 말로 들릴 수 있지만 퇴사를 하면서 가벼운 마음으로 결정하는 사람은 없다. 내가 고민되는 것은 잦은 퇴사로 지저분해지는 이력서와 면접인터뷰에서 "왜 이렇게 이직률이 높으신가요? 우리 회사에 들어오셔도 1년 안에 금방 회사를 그만두실 수 있겠네요."라는 말이다. 선택의 딜레마는 수많은 선택 중에 잘못된 선택을 했을 때 발생한다. 그 딜레마는 우리가 피할 수 없는 숙명이다.

결과론적인 이야기지만 잘못된 선택을 하게 되어 시간과 기회를 낭비하는 경우가 생길 수 있다. 바람직한 선택을 하여 그 상황을 피해갈 수도 있지만 반대로 잘못된 선택으로 깨달음을 얻어 다음에 똑같은 실수를 피할 수 있게 된다. 선택의 딜레마를 조금이라도 완화할 방법은 선택을 강요받는 것이 아니라 스스로 다양한 상황 속에서 좋은 선택을 할 수 있는 다양한 선택지를 만드는 것이다.

일례로 완벽한 선택을 추구하는 사람이 있다고 가정해보자. 그는 완벽을 추구하기 때문에 쉽게 시도를 하지 않는다. 당신은 잘못된 결정을 내릴 수 있다. 우리 모두 잘못된 결정을 내린다. 하지만 결정을 내릴 때 당신은 최선을 다했다. 당신은 좋은 결과를 기대하여 결정했다. 잘못된 결정은 빠르게 수정할 수 있다. 잘못됐다고 생각되는 결정을 올바른 결정으로 바꿀 수 있으므로 잘못된 결정이 사실은 올바른 결정 일부였다는 주장도 가능하다. 거대한 결정은 없고, 단지 일련의 작은 결정들만 있었고, 그중 일부만 '잘못된' 결정으로 드러날 것이다.

크고 위대한 결정에는 잘못된 결정이 들어 있다. 모두 한데 묶여 있었다. 결정하지 못하는 것을 발전 단계라고 착각해서는 안 된다. 결과론적인 이야기이지만 나중에 살아온 과거를 뒤돌아보면서 더 일찍 사업을 시작하거나, 누군가와 결혼하거나, 아이들과 함께 시간을 보내지 못해서 깊은 후회를 한다. 행동하지 않는 것은 아무것도 하지 않겠다는 결정이다. 습관은 천천히 형성되지만 그러다가는 현실을 벗어나기 힘들어진다. 결정에 근육을 단련하듯 결정하는 방법을 연습하라. 지금 시작하고 나중에 완벽해져라. 모든 결정에는 좋은 결정과 나쁜 결정이 포함되어 있다. 나쁜 결정이 당신에게 잠깐 고통을 줄 수 있을지 모르지만 결정을 하지 않고 머뭇거리는 동안 천천히 더 커지는 고통을 직시해야 할 것이다.

익숙한 것과 낯선 것

퇴사는 자발적 퇴사와 수동적 퇴사로 나누어볼 수 있다. 전자의 경우 직장생활에 잘 버텨왔지만, 기존의 삶에서 벗어나 또 다른 삶을 형태를 꿈꾸어볼 수 있고 후자의 경우는 몸도 마음도 준비가 안 된 상태에서 남에 의해 내 일자리가 없어지는 경우이다. 전자든 후자든 우리는 회사를 그만두면 완전한 자유를 얻는 동시에 삶에 완전한 책임에 무게를 짊어져야 한다. 늘 배우고 가치를 창출하고 때론 막연한 불안감과 마주하며 도전하고 시행착오를 겪으면서 넘어지기도 해야 할 것이다. 넘어져서 일어서는 과정에서 성장하고 퇴사 이후의 삶에 대해 다시 고민하고 선택하게 된다. 아주 쉽게 다시 이직하거나 새로운 회사에 들어갈 수도 있다. 하지만 신중하게 선택하지 않은 회사에서의 삶은 또다시 고통을 안겨줄 수 있다. 퇴사 이후의 삶은 자유롭게 자기 시간을 통제할 수 있는 동시에 시간에 대한 책임을 온전히 지는 것이다. 이러한 과정을 통해 삶의 우선순위를 스스로 결정하고 삶의 방향과 의미를 재설정하기도 한다.

오랫동안 직장인으로 살았던 사람에게 하루 24시간이 온전히 자신의 결정과 의지에 맡겨진다는 것은 그 사실만으로도 부담스러울 수 있다. 그 삶을 통해 나는 월급쟁이 삶이 맞았다는 것을 깨닫게 될 수도 있다. 대부분의 사람들은 대부분 월급쟁이로 살아간다. 월급쟁이는 해가 떠 있는 9시에 출근하여 6시에 퇴근을 하고 직장에서 일하는 대가로 한두 달 생계비를 월급으로 받으며 삶의 안정성을 확보한다. 직장에서의 삶은 안정적으로 돈, 성취감, 동료, 주거지에 대한 많은 것들을 해결해주기도 한다. 반대로 안정적이고 생계만을 위해 살아가다가 내 삶의 주인공이 아닌 나를 발견할 수 있을 것이다. 반대로 자유로운 프리랜서나 회사에 들어가지 않고 개인사업자로 경영을 하게 될 수도 있다. 자신의 성향이 경영인으로서 적합한지 경험을 통해 알아보는 시간이 될 수도 있다.

삶이 있는 곳에는 늘 변화가 있다. 직장을 다니든 퇴사 이후의 삶을 살든, 우리는 인생이라는 주어진 시간 안에 존재한다. 직장을 다니는 동안에는 월급을 받아 안정적인 생활을 할 수 있지만 회사 밖에서는 정기적으로 월급이 나오지 않을 수도 있고, 내가 꿈꾸고 상상했던 자유로운 일상과 너무나 다를 수도 있다. 하지만 시간을 들여 주체적으로 자신의 인생에 대해 자신을 믿고 노력하는 시간은 누구에게나 필요하다. 내가 나를 믿어주고 다른 사람의 시선과 상관없이 내 재능을 찾아 꿈꾸고 도전한다는 것은 가슴 설레고 매력적인 일이다.

익숙한 것에서 벗어나 새로운 것을 시작한다는 것은 두려움을 불러일으킨다. 오르고 오르면 못 오를 것 같은 산도 한 걸음씩 오르다 보면 그리 높지 않다는 것을 알게 된다. 삶은 특별한 능력이 있어야만 극복 가능한 문제가 아니다. 그저 끊임없이 용기를 내면서 개척해가면 되는 것이다. 삶이 만들어내는 고통, 두려움, 슬픔 등의 시련과 부딪치며 진정한 자신을 찾아나설 용기만 있다면, 변화의 물결을 타고 원하는 대로 인생을 살 수 있다. 작은 용기와 실천이 삶의 변화를 이끌어낸다. 스스로 자신을 믿고 행복과 희망을 찾아 한 걸음 내딛기 시작하면서 작은 성공을 이루고 그 작은 성공들이 모여서 밝은 미래를 만들어가는 것이다.

06

더 이상 현실에 안주하지 마라

"모두가 세상을 변화시키려고 생각하지만, 정작 스스로 변하겠다고 생각하는 사람은 없다."

－톨스토이

변화가 실패하는 이유

모든 사람이 변화를 갈망한다. 그리고 이내 절망한다. 나 역시 평범한 사람 속에 속해 있다. 현재 하는 일에 만족은 하지 못하지만 모든 이가 그렇듯이, '나이가 들어 이 자리를 박차고 나가면 현재 받는 월급을 벌 수 있을까?' 먹고사는 문제에 걱정과 불안감, 경제적으로 부딪치게 되는 현실을 외면할 수 없기에 제자리에 머물게 된다. 이 말 속에는 많은 진실이 있다. 우리는 현실에 불만을 느끼고 있지만, 적당히 타협하고 안주한다. 그런 자신이 보기 싫어 고민하고, 어떻게 해보려고 하다가 잊어버리고, 그저 평화로운 일상으로 돌아오는 그런 사람들이다. 작은 일에 마음을 쓰고, 작은 일 때문에 울고 웃는 지극히 평범한 사람들이다.

오늘 회사에 연차를 내고, 평소에 생각하던 초기창업지원 1차 발표평가를 하러 충청남도 아산시 신창면에 있는 순천향대학교를 갔다. 10년이 지나 시간을 거슬러 학교에 다시 방문하니 신기했다. SCH 미디어랩스관이란 새로운 건물이 있었다. 학교를 졸업하고 이런 일로 모교를 방문하게 되다니 사람 인생은 정말 알 수가 없다. 그 건물 7층에서 초기창업패키지 1차 발표평가를 했다. 11시 30분에 10분 발표 후 10분 질문 13년째 직장에서 월급쟁이로 살아온 내가 초기창업패키지 발표자가 되어 창업준비를 한다는 것은 익숙하지도 않고 결과가 어떻게 나올지도 모르지만 회사원이 갑자기 대표나 사업가처럼 바뀌는 것도 쉬운 일이 아니다. 그쪽 관계자가 나를 부를 때 대표님이라고 불러주는데 태어나서 처음 들어보는 호칭이었다. 항상 김 대리나 김 과장님 등 직급으로 불리다가 대표님이라 불리니 이상했다. 아직 사업자등록도 어떻게 할지 모르는 나에게 그렇게 불러주는데 기분이 나쁘지는 않았다.

꿈꾸는 사람은 미래를 계획하고 만들어내기 위해 열정과 노력을 기울인다. 그렇지 못한 사람들은 다른 사람들이 만들어놓은 세상에 불편을 하소연할 뿐이다. 그래서 미래를 설계하고 법칙을 만들어내는 사람은 지배자이고, 그 법칙을 따라야 하는 사람들은 피지배자가 되는 것이다. 이것이 힘의 원리이다. 미래를 주체적을 살아가는, 가장 확실한 방법은 스스로 미래를 창조하는 것이다. 이것이 적응과 창조의 차이다. 나는 변화를 원하는가? 이 질문보다는 '변화를 통해 무엇을 얻고 싶은가?'를 먼저 고민해봐야 한다. 변화는 어렵고 불편한 것이며 미지의 것이다. 예측할 수 없는 것으로, 지금 누리고 있는 혜택을 박탈당할 수도 있다. 누가 변화 그 자체를 좋아하겠는가? 그러나 우리는 '어떤 경우' 변화를 원한다. 변화가 주는 혜택이 클 경우이다. 따라서 변화가 주는 혜택이 무엇인지 생각해봐야 한다. 그리고 그 혜택을 얻기 위해 어떻게 변화해야 할 것인지를 알아야 한다.

변화함으로써 얻을 수 있는 것은 무엇일까? 변화가 성공했을 때를 생각해보자. 더 많은 수입, 더 많은 성장 기회, 더 좋아하는 일의 발견, 그 일을 통한 성취감, 열정, 자아실현, 사회적 인정 등이다. 변화를 통해 우리가 얻으려 하는 것은 미래에 대한 성취와 부를 이루어서 내 시간을 자유롭게 나를 위해 사용하는 것이다. 내가 회사에 다니는 직원이 아니라 직원을 두고 있는 사장일 경우를 생각해보자. 내가 창업한 회사가 크게 잘되어서, 직원들이 맡은 역할을 잘해나가 매출이 성장하고 순이익이 증가하였을 때 사장인 나에게도 그 이익이 돌아올 것이다. 회사에 월급을 받기 위해 회사를 출근하면 9시부터 오후 6시까지 의무적으로 근무해야 한다. 그렇지만 내가 창업을 하게 되면 내가 벌어들이는 수익이 직원들뿐만 아니라 나에게 돌아간다. 수입은 물론 나의 시간까지 자유롭게 계획하고 사용할 수 있는 것이다.

항상 대비책을 마련하라

우리는 변화에서 성공하지 못했을 경우도 염두에 두어야 한다. 변화의 두려움을 극복하고 변화하기로 하더라도 우리는 실패할 수 있다. 그러면 변화 이전에 상황으로 돌아가지 못할 수도 있다. 그래서 우리는 2가지 정도 준비를 해야 한다. 첫 번째, 변화와 관련하여 가능한 많은 정보를 모으고 해석함으로써 불확실성을 줄이는 것이다. 두 번째, 그래도 남아 있는 불확실성을 불가피한 일상의 요소로 즐겁게 수용하는 마음의 전환이다. 정보를 모으고 해석한다는 것은 '배운다'는 뜻이다. '배운 것을 익힌다'는 말은 우리가 흔히 쓰는 한자어 '학습'의 의미로 연결된다. 우리는 흔히 배우는 것, 즉 누군가 가르치는 내용을 흡수하는 것을 공부라고 생각한다. 그러나 공부는 반드시 학에서 습이 병행되어야 함을 강조하고 있다. 실제로 '습'자는 실천의 의미를 포함한다. 결국 공부는 배우는 것과 익히는 것으로 실제 현실에서 배운 것을 제대로 활용하고 익히고 생각하고 실천함으로써 완성되는 것이다.

어떤 일을 하든 자신에 대한 사랑을 잊어서는 안 된다. 다른 사람이 우리를 잊을 수도 있다. 그러나 자신은 자신을 잊어버려서는 안 된다. 다른 사람이 우리에게 무능력하다고 말할 수도 있다. 그러나 우리는 자신에게 그렇게 말해서는 안 된다. 자신을 보호하고 격려해줄 사람은 바로 자기 자신이기 때문이다. 변화 역시 '자기다움을 찾는 것'이다. 나는 원래의 자신이 되는 것을 변화라고 믿고 있다. 말하자면 남의 회사에서 일하면서 발견하지 못했던 자기의 재능을 발견하고, 그것을 개발하여 그 재능이 잘 적용될 수 있는 일을 찾아 그 일에 몰입하는 경지에 이르는 변화가 궁극적인 목표인 것이다.

전통적인 의미의 '평생직장'은 이제 존재하지 않는다. 지금까지 우리는 조직이 '자신을 돌보아줄 것'이라고 생각해왔다. 그러나 이제 그 조직이 우리의 일자리를 빼앗아가고 있다. 일상화된 사람들의 몫까지 하느라고 남아 있는 사람들은 희망이 없는 상태로 권태에 빠져 있다. 조직 내의 활력은 사라졌고 어디에서도 열정은 찾아보기 어려워졌다. 직장인의 정체성을 규정하던 과거의 규칙들은 어느 것 하나 성한 것이 없다. 새로운 규칙이 이를 대체하고 있다. 한국경제는 겉으로는 건강해 보이지만 속으로 많은 문제를 내포하고 있다.

우리가 근본적인 변화를 만들어내지 못한다면 한국경제는 공멸하게 될 것이다. 직장인들은 과거의 규칙이 무너지고 새로운 규칙이 만들어지는 것을 보고 있지만, 새롭게 자신을 규정하지 못했다. 여전히 새로운 위기 때문에 지금 거리로 나서야 하는 사람도 늘고 있다. 과거를 죽이지 않으면 새로운 현실은 없다. 잃어버리면 얻을 것이다. 나를 잃음으로써 나를 되찾는 것은 모든 지혜의 공통된 메시지이다.

개인의 혁명은 자신의 껍데기를 벗어던지면서 가장 자기다워지는 것을 목표로 한다. 자기가 아닌 모든 것을 버리면서 자기 자신으로 새롭게 태어나는 과정이 변화의 핵심인 것이다. 그러므로 변화는 변화하지 않는 핵심을 발견하려는 열정이며, 그것을 향한 끊임없는 '움직임(Movement)'이다.

이제 우리는 죽기 전까지 2-3가지의 직업을 갖는 게 당연해지는 시대에 살고 있다. 어떤 일을 그만두고 다시 시작하는 것이 너무나 자연스러운 일이지만 아직 우리는 해왔던 일을 그만두고 다른 일을 찾아 나서려는 마음의 자세가 없다. 하지만 누구나 인생에서 언젠가는 큰 결정을 내려야 할 때가 온다. 새로운 일을 준비하며 느끼는 두려움이 있고 지금까지 해보지 않은 새로운 일을 실패할 수도 있다. 무언가를 시작하고 실패하는 것도 젊었을 때는 그나마 쉽게 일어날 힘이 있어 괜찮지만, 나이가 들수록 결정과 선택이 힘들어지고 실패로 인한 타격은 더 커진다. 그러나 현실에 안주하여 타협하거나 아무것도 시도하지 않는 것이 가장 최악의 위기가 될 수 있다는 사실을 잊지 말아야 한다.

07

구체적인 목표를 가지고 시작하라

"사람을 강하게 만드는 것은 하는 일이 아니라 하고자 하는 노력이다."

– 어니스트 헤밍웨이

어릴 적 내가 좋아했던 것들

애니메이션 〈바다가 들린다〉를 본 후에 나는 애니메이션의 매력에 푹 빠졌고 애니메이션 감독이 되고 싶었다. 나는 어린 시절부터 일본 애니메이션을 좋아했다. 하지만 보는 것을 좋아하는 것과 만드는 것을 좋아하는 것은 별개의 일이다. 초등학교 시절에는 미술 시간을 좋아했다. 다른 수업시간과 달리 그림 그리는 것에 집중하면 2시간이 10분처럼 빨리 지나갔다. 그림을 잘 그리면 선생님께 칭찬을 들어서 좋았고 그때 깨달았다. 좋아하는 것에 집중하면 시간이 빨리 흐른다는 것을. 따라서 인생이란 긴 여정도 가장 친한 꿈이란 친구와 함께 갈 때 가장 즐겁게 갈 수 있지 않을까 생각한다.

중 · 고등학교를 다니면서 예체능 과목 중 미술, 음악, 체육 과목의 수업은 있지만 애니메이션이란 과목은 대학에 가야 존재한다. 나는 학교가 인생을 미리 실험해보는 안전한 장소가 되었으면 좋겠다. 누구나 해보고 싶지만 배울 수 없어 재능을 발견하지 못하는 건 아닐까? 학교가 재능을 발견하는 곳, 자신의 존재와 다른 사람에 대한 책임을 배우는 곳, 필요한 것이 무엇이고 그것이 언제 필요한지를 깨닫는 곳, 인생과 사회에 대한 가치와 신념을 탐구하는 곳이어야 한다고 생각한다. 내가 볼 때 그런 것이야말로 입시 위주의 과목보다 더욱 필요하고 인생에서 가장 소중한 시간을 절약할 수 있는, 살아 있는 교육이라고 생각한다.

학교에 다닐 때 학교 근처에 서점이 많았다. 요즘은 인터넷 서점이 생기면서 오프라인 서점이 많이 줄어들었다. 인터넷이 발달하고 놀 거리가 많은 시대에는 핸드폰만 있으면 모든 것이 가능하다. 예전에 내가 중고등학생 때는 지금처럼 사람들이 핸드폰만 바라보고 살지 않았다. 당연한 이야기지만 아직 핸드폰이 발명되지 않았던 시절이었다. 그래서 학교 앞 서점은 교재를 파는 장소이면서 재미있는 만화책이나 신기한 잡지를 볼 수 있는 놀이터이자 문화생활 공간이었다. 학생이었을 때 생각이지만 슈

퍼와 서점을 하는 친구들이 가장 부러웠다. 어린 마음에 슈퍼를 하는 집의 친구들은 먹고 싶은 과자와 음료를 다 먹고, 서점을 하는 집의 친구들은 읽고 싶은 책을 다 읽을 수 있다고 생각했다.

나이가 들어 다시 생각해보니 슈퍼를 한다고 해도 장사하는 물건이니 마음대로 못 먹었을 것이고 너무 쉽게 먹을 수 있기에 체중관리가 힘들었을 것이다. 서점 하는 집 친구들 역시 책을 팔아야 하기에 보고 싶은 책이라고 해도 다 보지 못했을 것이다. 그렇지만 그런 제약사항이 있더라도 책을 쉽게 접할 수 있는 것은 참 축복인 것 같다.

꿈을 향해 한 걸음씩 걸어가보자

난 어릴 적에 공부하는 것보다 노는 것이 더 좋았다. 노는 것 중에서도 만화책이나 전자오락을 좋아했다. 그 시절에 『드래곤볼』과 『슬램덩크』를 보면서 즐겁고 행복했다. 나도 커서 만화영화감독이나 게임 제작자가 되고 싶었다. 영화나 만화를 보면 현실을 잊고 그 세계에 빠져든다. 마치 다른 세계에 있다가 영화나 애니메이션이 끝나야 현실로 다시 돌아온다. 이제껏 취향에 따라 달라지기는 하지만 대부분 애니메이션은 빼놓지 않고 봤다. 보통에 애니메이션의 주인공들은 어떤 상황에서도 어려움을 해결하고 악당을 물리친다. 애니메이션을 보는 동안에는 내가 주인공이 되어 악당들을 물리치고 애니메이션의 주인공이 나를 대신해 정의를 지켜내며 악당으로부터 세계를 구해낸다. 이처럼 현실에서 일어나기 힘든 일이라도 애니메이션이나 영화에서는 주인공이 어려운 상황을 극복하고 멋지게 판세를 뒤엎는다.

'나도 애니메이션 감독이 되면 어떨까?' 고등학교를 졸업하고 나는 컴퓨터전공을 선택했다. 애니메이션을 좋아하지만 현실적으로 내 주변에서 애니메이션 감독을 본 적이 없고, 지극히 나는 이성적인 사람이라 꿈도 좋지만 먹고사는 문제가 해결되지 않고는 좌절할 거란 예상이 되었다. 그래서 공대로 진학을 한 이후에 직업을 가지고 조금씩 준비해가기로 전략을 세웠다. 하지만 어느새 대학교를 졸업하고 웹프로그래머로 10년 이상 직장인으로 살다 보니 꿈을 잃어버린 채 살고 있었다. 그래도 대학교 4학년 1학기 때쯤에는 학점이 남아 애니메이션 1학년 수업을 몇 과목 수강하기도 하였다. 그때 열정적으로 수업을 듣던 애니메이션학과 친구들은 아마도 현실적인 벽에 부딪혀 애니메이션 감독보다는 게임업체에서 판타지 캐릭터를 만든다든지 영상편집 관련된 업종에 종사하지 않을까 추측해본다.

이렇게 애니메이션이나 영화와는 전혀 관계없는 삶을 살아온 내가 시나리오를 작성하고 영화를 만들 수 있을까? 어떻게 해야 영화감독이 되는지, 영화감독이나 시나리오를 가르치는 학교 같은 것을 다녀본 적이 없으니 무엇부터 시작해야 할지 전혀 알지 못했다. 이렇게 무작정 좋아한다고 했지만 실제로 해본다는 것은 상상하는 것조차 어렵다. 애니메이션이나 영화라는 완성된 결과를 보고 즐기는 관중에서 시나리오부터 시작해서 끝까지 관심을 가지고 하나씩 알아가야 하는 것은 상당히 달랐다. 우선 전공자가 아니니 가볍게 단편영화 1편을 제작해보는 것부터 시작하자는 생각이 들었다.

마침 우연히 올해 초에 프로젝트를 진행하며 알게 된 사람 중 이전에 대학교를 다니면서 단편영화 공모전에 뽑혀 단편영화까지 제작한 사람을 알게 되었다. 무식하면 용감하다고 나는 그 사람에게 다짜고짜 영화 1편 만드는 데 얼마나 드는지 물어봤다. 정말 영화에 대해 전혀 알지 못하는 사람이나 할 법한 질문이었다. 하지만 그런 열정이 좋게 보였는지 이전에 영화를 실제로 찍어봤던 N감독은 친절하게 사이트를 알려주며 하나씩 설명해주었다. 우선 본인도 아마추어로 경험했던 단편영화 프리프로덕션에 대해 순서대로 설명해주었다.

첫째, 생각하고 그 생각을 무형식으로 기록하기다. 무엇인가 일관성이 없어도 생각을 기록하면 글로 적어놓은 분량이 모여서 작품의 첫 준비물이 된다. 둘째, 스토리라인 만들기다. 시간이 있다면 단편소설 형식으로 모든 부분을 습작해도 좋지만 너무 많은 시간이 들 수 있으니 자신이 생각한 이야기를 워드나 한글파일의 반 장 내지는 1장 분량으로 함축하는 것이 스토리라인이다. 스토리라인이 만들기 어렵다면 작품의 세계관이나 캐릭터를 확실히 잡고 자기 영화에서 가장 보여주고 싶은 부분이 무엇인지 우선순위를 정해서 진행하면 된다. 셋째, 시나리오 변환하기다. 스토리라인이 나왔다면 이제 시나리오를 만들기가 한층 수월해진 상태다. 제거와 함축을 통해 생략을 하면서도 시간 내에 영리하게 영화가 숨을 쉴 수 있게 만들어야 한다. 돈이 있다면 시나리오 작가를 쓰는 것도 좋지만 온전히 나의 스타일로 만들어보는 것도 좋은 경험이다. 넷째, 콘티 작성하기, 다섯째, 배우 섭외하기, 여섯째, 장소 섭외하기, 일곱째, 제작비 구하기까지 이런 일련의 과정을 설명해주었다. 그러면서 머릿속의 추상화된 이미지를 다른 사람들도 보고 이해할 수 있도록 아이디어로 끄집어내는 작업이 중요하다고 했다.

08

꿈이 있는 사람은 늙지 않는다

"모든 사람은 천재다. 하지만 물고기를 나무 타기 실력으로 평가한다면, 물고기는 평생 자신이 형편없다고 믿으며 살아갈 것이다."

– 알버트 아인슈타인

죽음의 수용소에서

빅터 프랭클 박사는 유대인이다. 그는 2차대전 당시 나치의 죽음의 수용소에서 살아남은 사람 중 1명이다. 그 후 그는 수용소에서 직접 체험한 경험과 인간적 반응을 환자의 심리치료에 적용함으로써 심리치료법에 일대 변혁을 가져오는 로고테라피(Logoteraphy)라는 방법론을 개발했다. 전문가들은 이 치료법의 가치를 매우 높게 평가해 프로이트와 아들러 이후의 가장 커다란 성과라고 말한다.

수용소에서 모든 개인적 역사를 상실한 채 하나의 번호로 불리다가 다시 한 인간으로 돌아온 그의 이야기는 한 개인이 지닌 비전의 힘을 극명하게 보여준다. 그의 책 『죽음의 수용소에서』에는 그가 수용소에서 겪은, 비참한 삶의 실체가 고스란히 담겨 있다. 그중 하나를 보자.

한 번은 화씨 2도나 되는 날씨에 숲으로 가서 얼어붙은 땅을 파야 했던 적도 있었다. 땅 밑에 수도관을 박기 위해서였다. 그때 나는 육체적으로 쇠약해져 있었다. 마침 저쪽에서 통통하고 혈색이 좋은 감독관이 다가왔다. 그 얼굴이 정말로 돼지머리를 연상시켰다. 나는 그가 이 혹독한 날씨에 아주 따뜻한 장갑을 끼고 있는 것을 보았다. 그는 아무 말도 하지 않고 나를 잠시 쳐다보았다. 나는 곧 벼락이 떨어질 조짐을 느꼈다. 드디어 그가 입을 열었다.

"이 돼지 같은 새끼, 처음부터 너를 지켜보고 있었어. 일을 어떻게 하는지 가르쳐주지. 네 이빨로 더러운 쓰레기더미를 팔 때까지 한번 기다려봐! 그러면 너는 짐승처럼 죽을 거야. 아니 이틀 안에 아주 요절을 내주지. 일이라고는 한 번도 해보지 못한 놈이야. 전에는 뭐 했지? 이 돼지 새끼야. 장사했나?"

그가 화를 내는 것은 조금도 상관이 없었다. 하지만 나를 죽이겠다는 위협에는 진지해지지 않을 수 없었다. 나는 몸을 똑바로 세우고 그의 눈을 바라보았다.

"의사, 전문의였습니다."

"의사였다고? 사람들로부터 돈푼이나 긁어모았겠군."

"사실대로 말씀드리자면 돈을 벌기 위해 일한 것이 아니라 가난한 사람을 위한 진료소에서 일했습니다."

그 말을 하고 '아차' 싶었지만 이미 너무 많은 말을 해버린 뒤였다. 그는 미친 사람처럼 소리를 지르며 나에게 달려들더니 나를 쓰러뜨렸다. 그때 그가 무슨 말을 했는지는 기억나지 않는다. 내가 여기서 이런 시시콜콜한 이야기를 끄집어내는 것은 아무리 감정이 무뎌진 수감자라 할지라도 분노를 느끼는 순간이 있다는 것을 말하기 위해서이다. 그 분노는 육체적인 학대와 고통에서 비롯된 것이 아니라 그것을 받으면서 느끼는 모멸감에서 나오는 것이다. 바로 그 순간 피가 머리로 솟구쳤다. 어떤 사람으로부터 그가 전혀 알지도 못하는 내 인생에 대해 이러쿵저러쿵하는 소리를 들었기 때문이었다. 여기서 고백할 것이 있다. 이 일 이후 동료들로부터 다음과 같은 말을 듣고 나서야 내 분노가 어린아이처럼 누그러졌다는 사실이다.

"저렇게 짐승 같고 야비하게 생긴 작자가 우리 병원에 오면 아마 간호사들이 대기실에도 들여보내지 않고 쫓아낼 걸."

빅터 프랭클은 수많은 육체적 고통과 마음의 상처를 입었다. 그가 아우슈비츠에 있는 죽음의 수용소에서 처음 도착하여, 나치가 시키는 대로 옷과 시계, 반지를 벗었을 때, 이미 그는 자신의 개인적 역사를 모두 잊었다. 아내, 아이들, 친구들과의 끈은 모두 끊어지고 그는 한 인간에서 하나의 번호로 전락했다.

그는 자신의 마음속에서 일어나는 감정들과 반응을 기억하고 기록하였다. 그 죽음의 수용소에서 살아나가 많은 사람과 대학의 강의실에서 자신이 겪은 모든 일을 증명하는 모습을 그렸다. 그리고 바로 그 희망 때문에 삶을 떠날 수 없었다. 살아야 했다. 결국, 그는 살아남았고 자기가 꿈꾸던 것, 하나의 번호에 불과했던 삶을 이야기할 수 있었다. 그는 수용소에서 자신에게 주어진 고난의 의미를 찾으려고 애썼다. 한 개인으로서 무력하기 짝이 없는 그는 이미 벌어진 사실, 즉 '수용소의 한 죄수'라는 상황을 바꿀 수 없었다. 절망이란 어쩔 수 없을 때 생겨나는 것이다. 상황을 바꿀 수 없을 때 우리는 절망한다. 그러나 그는 변화시킬 수 없는 그 상황을 해석하고 자신의 관점을 바꾸어 고난의 의미를 찾기 시작했다. 후에 그는 자신이 겪은 이러한 변화의 힘을 환자의 치료에 적용했다. 빅터 프랭클은 고난만이 우리에게 인생의 의미를 알게 하는 유일한 방법이라고 말하지 않았다. 고난을 찾아가는 것은 마조히즘이다. 죽음의 수용소에서의 생활, 청춘을 바친 직장에서 당한 해고, 치명적인 암, 사랑하는 사람의 죽음 등과 같이 우리가 피할 수 없는 절망적 상황조차 그 의미를 발견하여 재해석할 수 있다. 스스로 관점을 변화시켜서 절망적 상황을 바꾸어가는 것이다.

내가 글을 쓰는 이유

상황은 다르지만 '직장에서의 내몰림'이라는 말이 가슴을 할퀴고 지나간다. 이제 나도 어느덧 나이를 먹어 점점 직장에서 설 자리를 잃어가고 있다. 이런 피할 수 없는 고난이 빅터 프랭클 박사가 겪은 수용소에서의 삶과 비교는 안 되지만 이 시대를 살아가는 힘없는 평범한 내 모습이 마치 수용소로 끌려가 개인적인 역사를 모두 잃고 한 인간에서 하나의 번호로 전락한 모습과 겹쳐서 보였다. 직장상사의 잔인한 언변으로 모멸감에 대한 분노를 느끼며 살아가는 내 모습, 나에 대해 잘 알지 못하는 직장상사가 나를 평가하는 것을 들을 수밖에 없는 내 처지와 같았기 때문이다.

중요한 것은 그가 고난을 재해석함으로써 미래에 대한 꿈을 만들어낼 수 있었다는 점이다. 그는 자신이 겪고 있는 고난을 객관화시킬 수 있었다. 그리고 스스로 자신의 고난에 대한 관찰자가 되었다. 살아남아 이 체험을 알리고 그것을 통해 환자를 치료해야만 했다. 그는 도저히 그곳에서 죽을 수 없었다. 나는 이것을 감히 '그의 비전'이라고 생각한다. 그는 모든 사람에게 적용되는 인생의 의미가 있다고 믿지 않았다. 사람마다 다른 인생을 살고 있고 같은 사람이라도 날마다 순간순간 인생의 의미는 달라진다고 믿었다. 인생은 누구도 대신 살아줄 수 없으며 되풀이되는 것도 아니다. 그러므로 지금 이 순간에 당신에게 주어진 것이 바로 당신의 인생이다. 지금 이 순간이 바로 당신에게 도전이며 당신이 풀어야 할 과제이다.

그러므로 당신의 인생에 대해 묻지 마라. 당신의 인생은 당신이 선택하고 책임져야 한다. 지금 이 순간 다양하게 변하는 상황에서 주어진 과제와 상황에 최선을 다해 도전하고 풀어나가야 한다. 이 글을 쓰는 나 역시 어느 순간에 삶의 끝을 맞이할 것이다. 누군가 나에게 삶이 어떠했는지 묻는다면 나는 누구와 함께 살았으며 무슨 일을 했는지 자신 있게 말할 수 있을까? 다른 누군가가 아닌 나 자신에게 꿈을 향해 열정을 가지고 최선을 다하며 살았다고 당당하게 말할 수 있을지 의문이다. 이 구체적인 질문에 대해 오직 당신만이 답을 찾을 수 있을 것이다.

　나는 어느 순간 삶을 뒤돌아봤을 때 후회와 한숨으로 삶을 맞이하기 싫어서 이 글을 쓴 건지도 모른다. 미래의 어느 순간 내 삶이 끝날 때 후회를 남기지 않기 위해 모든 순간 열정을 가지고 최선을 다하고 있다. 마지막 순간에 꿈과 희망이 살아 숨 쉬는 동안 나의 인생의 주인공은 나이기 때문에 나이가 들거나 남들보다 많이 부족하더라도 주어진 상황에서 열심히 투쟁하며 정체성을 지키기 위해 싸웠다고 말하고 싶은 것이다.

NGO 활동가이자 귀농인 '김인환'

　김인환 씨는 경북 안동시 와룡면에서 수박 농장을 운영하고 있다. 그는 대학원에 입학하면서부터 본격적으로 NGO 활동가로 살기 시작했다. 비영리 단체이기 때문에 부족한 경비는 강의활동을 통해 충당했다.

　그러나 인생의 후반전을 생각할 때 대책이 필요하다고 생각한 그는 고민 끝에 귀농 창업을 시작하였다. 일반농사와 달리 화학농약을 쓰지 않는 자연농법을 기본으로 농장을 디자인하면서 8년 정도 꾸준히 준비했다.

2018년, 애플수박 시범사업자로 선정되어 올해로 2년째 수박농사를 하고 있다. 규모는 작지만 평당 소득이 굉장히 높은 편이고 농사 수익과 함께 교육과 컨설팅을 병행한다.

"지금까지 그래왔던 것처럼 앞으로도 좋은 일을 하면서 살고 싶었습니다. 많은 고민 끝에 귀농 창업을 선택하였고 이제는 귀농 교육과 컨설팅을 도와주고 싶습니다."

진정 하고 싶은 일을 찾아라!

* 산업혁명 이후, 기술은 발달했지만 사람들의 일자리는 줄어들고 양극화는 더욱 심해졌다. 문명의 발달로 생활이 편해진 것은 사실이지만, 경제 능력이 미약한 계층이 설 자리는 더욱 좁아졌다. 사람들은 물질적으로 풍요로운 삶을 꿈꾸지만, 사회는 더 많은 것을 요구하고 사람들이 받는 스트레스는 더 심해졌다. 물질적 풍요를 위해 일하고 실제로 그 목적을 이루기도 하지만 정신적으로는 빈약해지다니, 정말 아이러니한 상황이라는 생각이 들었다. 우리가 후진국이라고 부르는 나라, 먹고사는 문제를 걱정하며 살아야 하는 나라의 행복지수가 높다는 조사 결과는 지금 우리나라를 포함한 대다수 국가가 지향해야 할 것과 지양해야 할 것에 대해 더욱 분명하게 알려주는 것 같다.

우리가 나아가야 할 미래는 어떻게 발전하는 것이 바람직할까? 급격히 변화하는 시대에 던져진 우리는 인생이라는 숙제를 어떻게 풀어나가는 것이 좋은 것일까? 미래학이나 경제학, 인문학 등 우리 사회와 관련된 문제를 연구하는 학문을 전공하지 않은 내가 결론을 내리기에는 너무 어려운 문제이고, 결론을 내린다 해도 그 결과를 이해하기는 어려울 것 같다. 하지만 직장생활에 상처받고 고민하면서 은퇴를 걱정하는 내 모습을 보면서, 나와 다르지 않은 평범한 사람들이 같은 문제로 힘들어하고 지칠 것이라는 생각이 들었고 그들과 공감하며 소통하고 싶었다. 또 취업 때문에 힘들어하는 이들에게 인생을 조금 더 산 선배로서, 힘든 시대를 살아나가는 동료로서 지금까지 내가 경험하고 느낀 것을 공유하고 싶었다.

내가 꿈꾸는 미래는 사람들이 좀 더 여유롭고 다정한 사회가 되는 것이다. 부족한 사람들을 위해 먼저 손을 내미는 사회, 힘없는 사람들이 안

심하고 생활할 수 있는 세상이 되었으면 좋겠다. 하지만 지금의 상황은 마치 그 꿈을 비웃는 것 같다. 하루가 멀다 하고 TV에서는 강력범죄 뉴스를 전하고 사람들은 점점 더 살기 힘들다고 말한다. 안타깝게도 경제적으로 어려움을 겪다가 그 고통을 이겨내지 못하고 삶을 마감한 사람들의 뉴스도 종종 들린다. 하지만 만약 사람들이 모두 꿈을 꾸고 그 꿈을 위해서 살아간다면, 그럴 수 있는 사회 분위기가 만들어진다면, 세상에는 좀 더 웃을 일이 많아지지 않을까?

노동력은 자본을 이기지 못한다. 그것이 시대의 흐름이다. 부의 쏠림 현상이 심화되면서 실제로는 존재하지 않는 계층의 벽은 더욱 단단해졌다. 그렇다고 이런 현실을 수긍하며 받아들이기에는 뭔가 억울하다는 생각이 들었다. 내 시간을 팔아서 돈을 번다는 생각을 하자 우울해지기까지 했다. 자존감이 낮거나 생계에 대해 극도의 불안을 느끼는 사람들은 이 상황을 조용히 받아들이며 참고 살아갈지도 모른다. 난 이렇게 살고 싶지 않았다. 오히려 자본에 한 방 멋지게 날리고 싶었다. 이런 생각을 하다가 문득 아이디어라는 단어가 떠올랐다.

실업자가 반드시 생겨날 수밖에 없는 시대, 경제가 불안정하고 치열한 경쟁이 강요되는 사회를 살면서 사람들은 더욱 예민해지고 여유를 잃어가고 있다. 앞으로는 이 상황이 더 심각해지지는 않을까 걱정부터 하게 된다.

하지만 미래는 미지의 것이다. 누구도 예상할 수 없고, 따라서 미리 낙담하고 좌절할 필요는 없는 것이다. 그렇다면, 어떻게 될지 모르는 미래를 위해 그저 끊임없이 노력하는 게 정답일까? 나는 그렇다고 생각한다. 하지만 단지 살기 위한 삶이라면 내 인생이 너무 초라해질 것 같다. 그래서 나는 자신이 좋아하는 일, 하고 싶은 일을 찾는 것부터 시작해보라고 말하고 싶다.

가장 좋아하는 일은 직업으로 삼지 말고 취미로 남겨놓아야 한다고 말하는 사람들이 있다. 아무리 좋아하는 일이라도 직업으로 삼으면 싫어하게 된다는 게 그들의 논지다. 하지만 나는 그 생각에 반대한다. 최근에 어느 웹툰 작가를 만날 기회가 있었다. 그는 인스타그램에 웹툰을 연재하면서 아이들을 가르치고 있었다. 웹툰에서 그려지는 그의 모습은 삶에 대해 진지하게 고민하지만 항상 자신감으로 가득 차 있으며, 아이들을 가르치는 모습에는 애정이 넘쳤다. 아이들을 위하는 애틋한 사랑과 아끼는 모습은 참 스승을 생각나게 해주었다. 아이들에게 황금 씨앗을 심어주려고 노력하는 모습은 감동적이기까지 했다. 아이들을 가르치고 웹툰을 그리는 일이 생계에 얼마나 크게 도움이 되는지는 모르지만, 그는 늘 자신의 2가지 직업에 만족하며 더 나은 삶을 위해 진지하게 고민하며 살고 있었다. 그는 하고 싶은 일을 할 수 있는 것에 감사하며 자신만의 노트에 삶을 기록하고 있었다.

아무리 몸이 고되고 지쳐도 미소를 잃지 않게 만드는 것, 너무 즐거워서 힘들어도 기운이 나고 그 일을 할 수 있음에 감사함을 느끼게 하는 것, 누군가의 삶에 선한 영향을 미칠 수 있는 것, 나는 자신만의 특별한 달란트가 있다고 믿는다. 이 책을 읽는 순간이라도 당신이 진정 좋아하고 하고 싶은 일이 무엇인지 생각해보고 도전하고 싶은 일을 찾을 수 있는 작은 동기부여가 되었다면 난 그것으로 만족한다. 이 책을 읽는 모두가 그저 살기 위한 삶이 아닌, 내가 잘할 수 있는 소명을 찾고 그 일에 열정을 가지고 도전하며 즐겁게 살아가는 모습을 상상해보기를 희망한다.

I BELIEVE IN YOU

BELIEVE IN YOURSELF

BE POSITIVE